KB036586

사찰 음식은
없다

발우공양 빠진 사찰 음식의 대중화

사찰 음식은 없다

· 정산 김연식 ·

인문공간

차
례

제1장 사라져가는 절집의 음식

제2장 공양간을 기록하다

제3장 음식을 대하는 정신

제4장 사찰 음식이라 부를 만한 것

제5장 기록으로 남긴 사찰 음식

제1장

사라져가는
절집의 음식

1

미슐랭의 사찰 음식

오랜 시간이 걸렸다.

사찰 음식이 비로소 대중에게 눈길을 끌고 각광받는 시대가 도래했다. 한때는 그저 절에서 먹는 끼니로만 치부하던 것, 그게 사찰 음식이었다. 시대가 지나고 나니 이제는 한국을 대표하는 건강식으로 주목받고 해외에서도 수행자의 음식에 각별한 관심을 드러낸다. 아무도 절의 음식문화에 관심을 두지 않던 1960년대부터 공양간에서 만드는 음식에 주목하고 이를 소개하려 노력했던 나로서는 눈물이 날 만큼 감개무량한 일이다. 심지어 2016년에는 세계적인 권위를 가진 가이드북 〈미슐랭 가이드〉에 사찰 음식 전문점이 이름을 올리기까지, '절밥'이라 부르던 음식의 가치가 드디어 세상에 진가를 드러내며 만개하는 듯하다.

오로지 불교만이 가지고 있는 이 음식문화의 저변이 어떠한지, 조금은 차분한 심정으로 그 안쪽을 들여다보자. 과연 한국 불교 1700년 역사를 관통하는 전통의 결과물이라 말하기에 진정 부끄러움이 없는가. 아니다. 알면 알수록, 보면 볼수록 심장이 차가워진다. 큰 절 작은 절 할 것 없이 예전 공양간의 모습은 자취를 감추고 있다. 지금, 사찰 대중이 먹는 끼니는 과거 어른 스님들이 드시던 그 음식이 맞는가? 어떤 방식으로 식사하는가? 하나하나 짚을수록 마음이 무거워진다.

음식을 먹는 행위는 절에서 생활하는 수행자에겐 수행의 일환이었다. 수행자는 눈을 떠서 눈을 감는 매 순간이 수행의 연속이다. 늘 깨어 있으라 말하고 깨어 있기 위해 걸으면서도 수행을 하는 존재다. 하물며 끼니 때 밥을 먹는 행위는 오죽할까. 부처님은 한 끼의 식사를 위해 손수 탁발을 나섰고, 다녀온 이후에는 주어진 음식을 남김없이 드셨다. 인도에서 중국을 넘어 한국까지 불교가 전해진 이후에도 변화는 있었으되 마음가짐은 변치 않았다.

마조도일의 수제자 백장 선사는 선종사찰의 생활 규범인 청규를 만들고 공동노동을 의무화했다. 사찰의 모든 대중이 함께 경작을 하는 것도 여기에 포함된 일이었다. 논과 밭에서 직접 경작한 식재료로 음식을 해 먹었고, 자연에서 얻은 먹거리로 생명을 유지할 수 있음에 감사하는 마음을 가졌다. 백장 선사는 '하루 일하지 않으면 하루 먹지 않는다'는 원칙을 철저하게 지켰다. 그의 일화는 곧 사찰 음식을 대하는 수행자의 태도와 마음을 보여주는 단면이다.

다시 돌아와 지금의 사찰 대중 생활을 되짚어본다. 물론 지금도 사찰에서 직접 경작을 하고 여기서 얻은 것으로 끼니를 해결하는 곳이 없는 것은 아니다. 그러나 큰 사찰로 올라갈수록 그런 면모는 보기 힘들어졌다. 도리어 작은 사찰이나 암자에서 여전히 그 전통을 근근이 유지할 따름이다. 백장 선사가 주창했던 공동 노동은 울력*이라는 형태로 지금까지 이어지지만 불과 수십 년 사이에 스님이 직접 경작을 하고 직접 음식을 하는 모습은 귀한 광경이 됐다. 주방일을 도맡아 하는 공양주 보살을 두고 매 끼니마다 만들어주는 음식을 먹는 게 보편적이다. 큰 사찰의 주방은 더 이상막 출가한 행자가 노동으로 마음의 근간을 다듬는 공간이아니다.

예전에는 이렇지 않았다. 60년 전 처음 발심을 하여 출가의 길에 들어섰을 때, 해인사 후원에서는 사철 물소리가우렁차게 이어졌다. 물이 흐른다는 건 그만큼 많은 일을 한다는 의미다. 가야산 중턱에서 흐르는 맑고 시린 계곡물을쓰기 위해서는 노동이 필요했다. 주변에 흔한 참나무 둥치를 반으로 가르고 속을 판 후 이를 줄줄이 잇대어 물길을 만들었다. 늦은 가을이면 통나무 수로에 수북하게 쌓인 낙엽을 걷어내는 게 일이었다. 한두 사람이 아니라 해인사의 모든 대중 스님이 달라붙어 한바탕 큰 울력을 벌였다.

밥 짓는 풍경도 장관이었다. 해인사처럼 큰 사찰은 안

---

* 촌락 주민들이 힘을 합해 임금을 받지 않고 남의 일을 돕는 협동 방식을 뜻한다. 전국 지역에서 실시했으며, 함북의 '부군(附近)', 문경(경북)의 '우살미'가 대표적이다. 울력은 노동의 교환방식인 두레나 품앗이, 임금 목적의 공굴(公屈)·고지·돈내기, 협동 노동의 불참자에게 패널티를 주는 '부역'과는 다르다.

거 때가 되면 사방에서 스님들이 모여든다. 기거하는 인원이 늘어나는 셈이다. 이럴 때면 한 끼 밥을 짓는 데에 한 가마니 이상의 쌀이 소모됐다. 양이 많으니 쌀을 씻는 것도 보통 일이 아니다. 드럼통 절반 크기의 큰 함지에 쌀과 물을 담고 노를 젓듯 막대를 저어가며 씻어야 했다. 어마어마하게 큰 솥에 쌀을 붓고 나면 지게에 장작을 가득 지고 아궁이로 내려갔다. 우물 정(井) 자로 장작을 쌓고 간솔로 불을 지폈다. 솥 안의 밥물이 한소끔 끓어오르면 타고 남은 장작을 아궁이 밖으로 꺼내 물을 부어 불을 껐다. 아궁이 속 잉걸불은 삽으로 퍼서 솥뚜껑 위에 부었다. 위아래의 은은한 열로 뜸이 고루 들게 하기 위함이다.

이런 풍경이 이제는 절에서 사라졌다. 물론 시대가 좋아지니 그만큼 편리한 도구가 많아졌고 구태여 예전처럼 그런 노동을 할 필요가 없어서인지도 모르겠다. 수백 년이 흘러도 예전 그때 그 시절의 노동을 해야 한다는 게 아니다. 가스불로 밥을 지어도 좋다. 다만 그렇게 밥을 짓는 과정에서 가져야 하는 마음가짐, 수행자이기에 가져야 하는 음식에 대한 태도, 그것은 사찰 음식에 있어 제일 중요한 조미료다. 과연 오늘 점심, 스님들이 마주하는 밥상에 그 조미료가 들어갔는가? 혹 그저 끼니를 해결하기 위해 공양간의 보살들이 내어주는 밥과 반찬을 아무런 거리낌 없이, 생각 없이 먹고 있지는 않은가? 현재 사찰의 음식문화를 두고 한 번쯤 돌아봐야 할 문제다.

절에서 식사하는 행위를 '공양을 한다'라고 표현한다. 부처님께 향·꽃·등·차·과일·쌀을 올리는 것을 '공양 올린다'고 하는데, 공경하는 마음으로 감사를 표시하는 행위다. 부처님의 가르침을 온 누리에 전하는 스님에게는 식사 역시 공양하는 행위다. 밥 짓는 이가 도반 스님들에게 존경하는 마음을 담아 지은 음식을 주고, 먹는 이는 이 음식을 감사한 마음으로 받아들이는 일이기 때문이다. 공양할 때는 꼭 발우에 음식을 덜어서 먹었다. 이는 부처님 대에서부터 내려오는 매우 중요한 행위다. 그러나 지금 사찰에서 발우를 사용하는 것은 일상이 아니라 특별한 일이 되었다. 대신 네모진 식판에 밥과 반찬을 덜어 먹는 것이 일상이 되어 버렸다.

발우로 공양을 하는 것은 그릇 하나하나에 음식을 나누어 담고 마음을 가다듬고 식사하는 과정에서 의미를 지닌다. 수행자라면 발우공양의 중요성을 모를 리 없다. 그 전통이 사라진다는 것은 부처님 당시부터 내려오던 수행자로서의 마음가짐을 팽개치는 것이나 다름없는 일이다.

사찰 음식의 의미를 다시 생각해 볼 필요가 있다. 오래도록 지켜오던 전통이 있었고 그 안에 담긴 의미가 있었기에 비로소 사찰의 음식문화가 만들어졌다. 그래서 사찰 음식이라 부를 수 있었으리라. 그토록 중요한 전통과 과정, 의미가 빠져버린 작금의 사찰 내 음식문화를 과연 사찰 음식이라 부를 수 있을까.

2
먹는 것은 기록하지 않는다

: 옛 조리법이 사라진 이유

사찰 음식에 대한 일반인의 관심이 정말 많아졌다. 건강식으로, 다이어트식으로 각광받는다는 기사도 나온다. 비건 문화가 떠오르면서 해외에서도 한국의 사찰 음식을 주목하는 상황이다. 이런 흐름 속에 사찰 음식을 두고 절에서 이어오는 전통 음식이라고 표현하는 걸 종종 마주하게 된다. 정말 그럴까? 지금 사찰에서 먹고 있는 음식을 절집의 전통 음식이라고 해도 될까?

먼저 환상을 깨자. 사찰이라고 해서 특별한 것을 먹었던 건 아니다. 일반 대중이 먹는 것과 크게 다르지 않았다. 식사의 구성부터 그렇다. 밥과 국 그리고 반찬이 기본이다. 여기에 별식으로 죽과 국수 등을 해 먹기도 했다. 이 중에서도 국수는 스님들이 아주 좋아하는 메뉴였다. 이제는 잘 알려져 있듯이 '승소(僧笑)'라는 별칭도 있다. 국수가 나오면 스님들이 미소를 지었다는 의미인데 그만큼 국수를 좋아한다는 의미다. 떡도 절에서 즐겨 먹던 음식이다. 여기까지만 봐도 사찰의 음식이 일반 음식과 크게 다르지 않다는 걸 알 수 있다.

물론 차이는 있다. 그중에서도 무엇보다 조리 과정을 주목해야 한다. 주어진 식재료를 최대한 남김없이 사용한다는 것, 그리고 구할 수 있는 재료의 한계를 극복하기 위해 산중에서 얻을 수 있는 재료의 종류를 가능한 많이 사용했다는 것, 여기에 재료를 다채롭게 이용하는 지혜가 더해졌다. 한마디로 사찰에서 음식을 조리한다는 건 제한된 상황을 극복하기 위해 오랜 시간 온갖 노력을 기울인 결과다. 그렇게 만들어진 사찰의 음식이 현대인의 눈에 이색적으로

사찰 음식은 없다

보일 수는 있겠다.

"사찰 음식을 대단하게 볼 필요가 없다"라고 말하는 사람들의 주장도 이런 면에 근거를 두고 있다. 일반 한식과 다를 바가 없는데 대중이 지나치게 환상을 가지고 바라본다는 비판이다. 사찰 음식을 전통적 측면에서 해석하는 것도 양반이 먹던 반가의 음식과 크게 다를 바 없고 종가에서 전하는 것과 유사한 수준이라고도 말한다. 그런 주장들에 대해서는 고개가 끄덕여지는 부분도 상당하다. 다른 어디에도 없는 매우 특별한 메뉴가 있다거나 유서 깊은 전통을 특징으로 하는 음식문화가 아니라는 생각에서다.

나는 사찰 음식의 전통을 강조하는 일부의 주장에 대해서는 비판적인 입장이다. 사찰은 조리법의 전통을 대물림하기에 쉽지 않은 문화이기 때문이다. 내가 처음으로 사찰의 음식을 세간에 소개했던 1970년대까지만 해도 절의 후원에서는 음식 만드는 레시피를 기록하지 않았다. 모든 음식은 입으로 구전되었고, 후원에서 각각의 소임을 맡은 사람이 직접 음식을 만들며 몸으로 배웠다. 마치 초기 불교에서 부처님의 가르침을 대를 이어 구전으로 이어갔던 것과 같이 여러 음식이 대를 물려 후대로 전해졌다. 절대로 글과 같은 기록으로 남기지 않았다. 그래서 1970년대 이전에는 사찰의 조리법을 책으로 엮은 기록이 전혀 없었다. 당연히 그 당시에는 '사찰 음식'이라는 단어조차 존재하지 않았다. 보통 '절밥'이라고 부를 뿐이었다.

절에서 음식을 기록으로 남기지 않은 데에는 이유가 있다. 불교는 인간이 일으키는 욕망과 감정을 '오욕칠정(五慾七情)'으로 구분한다. 오욕을 이해하기 위해서는 먼저 인간의 다섯 가지 감각기관부터 살펴야 한다. 사람은 누구나 눈, 코, 입, 귀, 몸이 있다. 이 감각기관들은 각각 눈으로 보는 것, 코로 냄새 맡는 것, 입으로 맛보는 것, 귀로 듣는 것, 만져서 느끼는 것을 인지한다. 감각기관이 대상을 인지하면 이에 따른 현상이 일어나게 마련이다. 현상은 감각기관을 자극한다. 자극은 집착을 불러일으킨다. 더 예쁜 것을 보고 싶고, 좋은 향기를 갈구하고 맛있는 것을 찾는다. 귀로는 아름다운 소리를 갈망하고 기분 좋은 감촉에 마음을 빼앗긴다.

이런 감각기관의 인지에 따른 집착은 나아가 복합작용을 일으키면서 다섯 가지의 욕망을 일으킨다. 재물욕, 음욕, 수면욕, 명예욕, 식욕이 그 다섯 가지다. 이를테면 음욕의 경우 남녀가 상대의 몸을 보고 싶어 하는 욕망, 상대의 말소리나 웃음소리를 듣고자 하는 욕망, 상대의 몸을 만지고 싶어 하는 욕망, 상대의 냄새를 맡고 싶어 하는 욕망 같은 식이다. 여기에는 다섯 개의 감각기관과 관련한 모든 집착이 다 포함되어 있다. 수면욕은 쉬고 싶어 하고, 눕고 싶어 하고, 자고 싶어 하는 욕망이다. 이는 몸의 편안한 감촉을 탐하는 욕망이라 하겠다.

칠정은 다섯 개의 감각기관으로 인해 일어나는 일곱 가지 종류의 감정이다. 이는 희(기쁨), 노(분노), 애(슬픔), 락(즐거움), 애(사랑), 오(미움), 욕(욕망)의 일곱 가지를 말한다. 이 모든 감정의 기저에는 감각기관의 집착이 자리하고 있다. 그러니까 다섯 개의 감각기관이 어떤 역할을 하고 어떤 과정을 거쳐서 집착이 일어나는지를 알면 그 집착을 다스릴 줄 알게 된다. 각각의 감각기관이 무언가를 갈구하는 마음을 빚어서 일어나는 것이 집착임을 알게 된다는 뜻이다.

이런 욕망은 오래 지속하지 않는다는 것도 깨닫는다. 연장선상에서 일곱 가지 감정에 휘둘리는 것이 아니라 그 감정의 정체를 마주하는 법을 배울 수 있게 된다. 모르면 사로잡히지만 알면 극복할 수 있다. 이렇게 나의 내면에서 피어오르는 욕망과 감정을 마주하며 그 실체를 바로 보는 것이 참선 혹은 명상이라 부르는 수행법이다.

이런 배경을 알고 나면 절의 후원에서 일어나는 일도 비로소 이해할 수 있다. 후원은 음식을 만드는 곳이다. 불교에서 먹을 것을 탐하는 식욕은 끊어버려야 할 대상이다. 내입에 맛있는 요리와 거리를 둬야 하는 이유다. 오늘 점심에 먹은 음식이 맛있었다면 그 음식을 다시 먹고 싶은 마음이 일어나게 마련인데, 이것이 곧 식욕, 식탐이다. 그런 욕망을 최소화하기 위해 절의 후원에서는 조리법을 기록하지 않았다. 대신 후원에서 소임을 맡는 사람이 새로 소임을 맡은 이에게 음식마다 만드는 법을 입으로 알려주고 직접 만들면서 배우도록 하는 방식으로 사찰의 살림을 이어갔던 것이다.

시간이 흘러 사찰의 음식이 관심을 받으면서 예전 후원에서 만들던 메뉴에 관심이 쏟아지고 있지만, 안타깝게도 이미 사라져 버린 것이 상당하다. 누구도 기록하지 않았고 그래서 사라졌다. 절에서 먹는 음식의 조리법이나 메뉴는 하등 중요한 것이 아니었으니 당연한 일이다. 그러나 없어지지 말아야 할 부분이 사라져가는 것만큼은 한없이 아쉽

사찰 음식은 없다

다. 예전에는 각 교구본사마다 저마다의 음식 전통이 있었다. 지역의 특성에 따라 그 주변에서만 구할 수 있는 재료를 사용해서 만드는 것도 있었다. 때가 되면 그 절에서만 만들어 먹는 음식의 전통은 반드시 보존했어야 했다. 이것은 식욕에 대한 집착을 논할 대상이 아니라 그 절의 역사와 성격을 규정 짓는 것, 진짜 전통이기 때문이다.

문제는 이런 진짜 전통적인 문화까지 모두 사라져 버리고 모든 교구 본사와 사찰이 대동소이하게 획일적으로 바뀌어 버렸다는 점이다. 이제는 사라져 버린 이런 옛 모습을 기억하는 사람이 거의 없다. 불과 1970년대까지만 해도 남아 있었던 몇 안 되는 사찰별 특징이 60여 년 사이에 대부분 사라지고 이곳이나 저곳이나 다를 바 없는 문화만 남았다. 지금의 사찰 음식을 '전통'이라는 틀에서 말하는 데 비판적인 건 그래서다. 사찰 음식의 전통을 이야기하기 위해서는 교구 본사마다 가지고 있었던 옛 전통을 되살려야 한다. 나 역시 100년 전, 200년 전의 문화까지는 알 도리가 없다. 하지만 적어도 지금처럼 사찰마다의 전통이 다 무너지고 퍽퍽하게 획일화된 모습만 남기 직전, 마지막으로 그 문화를 겪었던 나 같은 이의 기억과 기록을 바탕으로 더듬어

되찾아가는 건 가능하다.

　　지금 '사찰 음식'이라는 이름으로 이루어지는 흐름을 보자. 과연 무엇을 하고 있는가? 수도 없이 많은 매체에 매번 새롭게 등장하는 사찰 음식의 메뉴는 정말 과거부터 이어져 온 것인가? 나는 그것이 정말 예부터 이어져 온 것인지에 대한 확신이 들지 않는다. 한편으로는 지금처럼 메뉴 자체에만 주목하는 현상이 올바른 것인지에 대한 생각도 있다. 음식을 소개하고 만드는 방법을 널리 알리는 것의 의미도 분명히 있겠으나 가능하다면 과거에는 왜 이렇게 만들어 먹었는지를 좀 더 깊이 고찰하고 예전 사찰의 문화를 되살리는 것, 이것은 정말 불가능한 것일까? 사찰 음식이라는 것을 어떻게 정의를 내리고 이것으로 무엇을 어떻게 만들어갈지가 필요하다고 강변하는 것은 그 때문이다.

3

울력으로 먹거리 준비했던
사찰 풍경

⋮ 사찰 식문화의 중심, 후원

    절에서 음식을 만드는 공간을 주로 '공양간'이라고 부른다. 음식을 만드는 이는 '공양주'라고 칭한다. 이것이 보편적으로 굳어져 버렸다. 큰 절이나 작은 절이나 이런 명칭으로 부른다. 이에 따라 사찰 내에서 간직해 오던 소중한 식생활 문화마저 무너져 내리고 있는 듯 보인다. 아무도 이것이 과연 옳은 것인지 이견을 제기하지 않는다.

명칭이 잘못된 것은 아니다. 공양간이라는 이름은 부엌을 의미한다. 원래는 공양간보다 후원이라는 명칭을 더 많이 사용했다. 후원은 훨씬 포괄적인 개념이다. 공양(식사)을 하는 대방, 음식을 만드는 부엌, 장독, 우물 등 식생활과 관련한 모든 장소를 통칭한다. 출가의 길로 들어서는 이에게 후원은 매우 중요한 공간이기도 하다. '행자'의 신분으로 사찰 생활을 시작할 때 제일 먼저 가게 되는 곳이어서다. 행자는 사미계를 받기 전 기본적인 사찰의 대중 생활을 배우는 단계다. 행자가 되면 소임을 받는데, 이때 첫 번째로 소임을 받는 곳이 보통은 후원이다. 이곳에서 음식을 배우고 만들면서 소임의 중요함을 배운다. 음식을 만들면서 마음 쓰는 법을 배우고 먹는 이를 위해 음식을 준비하는 데 정성을 다하는 법을 배운다. 예전에는 행자 생활만 3년을 했다. 그 이후에 비로소 사미계를 수지하면서 가사와 장삼을 입을 수 있다. 행자 시절에는 갈색 옷을 입고 생활한다.

후원에서 일하는 소임은 크게 공양주(供養主), 갱두(羹頭), 채공(菜供), 별좌(別座)로 나뉜다.

먼저 공양주는 밥을 짓는 사람이다. 한국인의 밥상에서 주인공은 밥이다. 사찰의 식문화에서도 중심은 밥이다. 그만큼 밥 짓는 일은 가장 중요하다. 갱두는 국을 전담한다. 명칭에 머리 두 자가 붙었다는 건 그만큼 중요하다는 의미다. 밥과 함께 밥상의 중심을 구성하는 음식이기에 후원에서도 그만큼 중시했다. 채공은 채소류의 식재료를 관리하고 이를 이용해서 찬을 만든다. 후원에서 각각의 음식을 만드는 그 모든 소임을 지휘하는 건 별좌의 몫이다. 요즘 말로는 주방장 혹은 헤드 셰프라고 보면 된다. 별좌는 후원에서 모든 소임을 다 겪어본 사람이어야 한다. 공양주, 갱두, 채공이 만들어야 하는 모든 음식을 다 알고 계절의 변화와 상황에 따라 조율할 줄 아는 능력이 필요하다. 그리고 가장 잘 만들 줄 알아야 한다. 음식의 조리법은 별좌를 중심으로 각 소임이 직접 음식을 만드는 과정에서 마치 시어머니가 며느리에게 손맛을 전하는 것처럼 그렇게 내리물림으로 가르쳤다.

행자 기간이 3년이었던 시절, 그토록 긴 시간 동안 행자를 하는 데에는 이유가 있었다. 먼저 사찰의 사계를 직접 겪으면서 절의 살림이 어떻게 돌아가는지, 시기마다 어떤 행사가 있고 행사마다 어떤 준비를 어떻게 해야 하는지를 몸으로 익히는 데 최소한 3년이 걸린다. 그 흐름을 이해해야 출가자의 길을 가면서도 시기마다 벌어지는 사찰의 생활에 적응할 수 있다. 더불어 이 시기에 출가자의 마음가짐과 행동양식도 익히게 된다. 그나마 사찰마다 후원의 조리법이 전승될 수 있었던 것은 행자의 시간이 그토록 길었기 때문일 것이다.

지금은 이런 전통이 다 사라졌다. 갈수록 사찰 내 위계가 사라지고 오래도록 이어 왔던 사찰의 공통된 문화와 본사마다 만들어졌던 개별적인 문화가 모두 무너져 내렸다. 여기에는 행자의 교육과 생활에 관련된 체계가 흐트러진 것도 크게 작용하지 않았을까 싶다. 조계종을 기준으로 보면 과거 3년씩 하던 행자 생활은 이제 6개월 남짓이면 끝난다. 그것도 6개월 동안 기본적인 소양 교육을 하고 그 뒤로는 행자교육원에 입교해서 23일간 교육을 받는다. 1년이라도 사찰의 사계절을 겪어봐야 절이란 공간에 대한 이해가 깊어질 텐데 그럴 수 있는 최소한의 시간도 주어지지 않는다. 물론 사미, 사미니, 식차마나니 등의 예비 승려 기간 동안 충분히 알 수 있는 부분이라고 하겠지만, 분명히 행자와 예비 승려는 그 마음가짐과 해야 할 역할이 다르다. 물론 이것이 구태의연한 과거의 방식이라고 볼 수도 있겠다. 그러나 행자의 역할이 과연 무엇인지는 다시 한번 진지하게 고

사찰 음식은 없다

민해 봐야 한다.

행자 이야기가 나온 김에 조금 더 이야기를 하자면, 지금 각 사찰의 구성원이 행자를 바라보는 시선이 어떠한지 조금 더 깊게 성찰해야 한다는 점도 말하고 싶다. 행자는 출가의 길을 걷겠다고 마음을 일으킨 사람이다. 가장 뜨겁게 구도의 열정이 타오르는 사람들이다. 그들에게는 출가의 길이 어떤 것인지, 사찰의 생활이라는 것이 어떠한지를 처음부터 알려주되 열정이 식지 않도록 세심하게 지켜보고 다독이는 과정이 필요하다. 하지만 과연 그러한가. 마음을 냈으니 '하심(下心)'을 바탕으로 경내에 필요한 온갖 잡일을 마다하지 않는 노동자로 보고 있지는 않는가?

행자여서 막 대해서는 안 된다. 비록 초심자지만 그들 역시 똑같은 수행자요, 목숨 걸고 수행하는 길을 걷고자 크고 어려운 결심을 한 존재다. 엄하게 대하며 심지를 단단하게 다지도록 하는 것은 필요하지만, 그 과정에서 일어나는 일련의 사건이 열정을 식게 하거나 마음을 다치게 해서는 안 된다. 그 험난한 시간을 이겨내는 게 왜 필요한지를 깨달을 수 있도록 하는 게 중요하다. 현재 한국불교의 사찰에서 행자란 존재가 그렇게 대우받고 있는지 돌아보았으면 한다.

다시 후원으로 돌아가자. 사찰에서는 음식을 매우 귀하게 다뤘다. 조리하는 과정에서 침도 튀면 안 된다며 매우 조심했다. 지금 고급 레스토랑의 요리사가 그러는 것처럼 베로 만든 마스크를 썼다. 혹 머리카락이 떨어질까 두건도 두 개를 썼다. 그만큼 정갈하게 음식을 만들었다. 식재료를 대하는 태도는 이미 잘 알려진 그대로다. 직접 경작한 것이든 외부에서 들여온 것이든 되도록 버리는 것이 없었다. 누런 잎사귀는 따로 떼어서 국을 끓일 때 넣고 뿌리도 함부로 버리지 않고 어떻게든 요리해서 먹었다.

　　대표적인 게 배추 뿌리다. 보통 배추를 뽑으면 뿌리를 자르고 잎사귀 부위만 먹는다. 그러나 출가자는 식재료를 그렇게 대하지 않는다. 그 자체로 하나의 생명이기 때문이다. 후원에서는 이 배추 뿌리를 따로 모았다. 그리고 삶아서 한 달 정도를 건조한다. 이렇게 하면 시들시들해지는데, 이 껍질을 까면 맛좋은 요깃거리가 된다. 감자조림처럼 간장에 졸여서 먹기도 했다. 배추 뿌리는 뿌리채소 중에서도 향기가 독특하고 좋았다. 그래서 스님들이 아주 좋아하던 식재료다. 나물류의 뿌리도 마찬가지다. 뿌리를 다듬고 나면 깨끗이 씻어서 나물에 같이 무쳐서 먹었다. 지금은 과일의 껍질이나 채소의 뿌리가 영양학적으로 매우 뛰어나다는 게 잘 알려져 있지만, 예전엔 그렇지 않았다. 그저 버리는 것 없이 다 먹는 것이 한 생명의 희생에 대한 출가자의 태도라고 생각했다.

이런 면모는 통일신라시대 원효 스님이 쓴 〈발심수행장〉에서도 확인할 수 있다. 아주 짧은 글이지만 이걸 읽어보면 오래전부터 출가자에게 음식이란 주린 배를 달래어 다른 생명으로 내 생명을 이어가는 고마운 수단으로 삼았음을 알 수 있다. 스님이 말하는 출가자의 음식은 자연에서 얻은 것을 가장 자연에 가깝게 먹는 것이었다. 사실 그런 방식이 어떤 음식보다도 가장 쉽게 섭취할 수 있는 먹거리다. 그때는 식탐을 경계하기 위해 있는 그대로 먹는 걸 권고하는 것이었다. 과학이 발달한 이 시대에 이런 식생활을 다시 눈여겨보면 영양학적으로는 훨씬 건강한 식문화일 수 있다는 걸 깨닫게 된다.

사찰 생활을 하면서 먹는 음식을 온전히 다 후원에서만 장만했던 건 아니다. 계절에 따라 온 대중이 함께 울력을 하는 때가 있다. 장을 담글 때다. 매년 겨울에서 봄으로 넘어가는 정초면 모두가 모여 고추장, 된장, 간장 등을 함께 만든다. 해인사, 통도사, 범어사, 송광사 같은 본사의 경우 그

양이 어마어마하다. 후원 한쪽에 장독대에는 100개가 넘는 항아리가 있고, 이 시기면 모든 항아리가 그득그득하게 찼다. 연말에 메주를 쒀서 장독에 담고 연초에 장 가르기를 해서 간장과 된장을 분리한다.

이 중 일부는 장 가르기를 하지 않고 막장을 만든다. 간장과 된장을 분리하면 감칠맛을 내는 성분이 분리되니 아무래도 조금은 맛이 덜할 수밖에 없다. 그래서 장 분리를 하지 않는 막장이 따로 존재했다. 막장은 이전 해에 담가 두었던 간장을 섞어서 물기를 조정하는데, 여기에 고추장이나 고춧가루를 섞어서 맛을 더했다. 물론 청국장도 만들었는데, 이건 오래 놔두고 먹는 것이 아니어서 그때그때 만들었다. 청국장을 만드는 데는 3일이면 족하다. 소량을 만들기 때문에 울력을 하는 것이 아니라 후원의 소임끼리 모여서 했다. 그렇게 만든 청국장은 보름 정도 먹는데, 떨어지면 다시 만들곤 했다.

김장도 사찰의 큰 행사다. 이때가 되면 직접 기른 배추 나무 같은 걸 모두 함께 다듬어서 양념을 만들어 한데 모여 앉아 김치를 담갔다. 1년을 먹을 중요한 식량이어서 그 양도 대단하고 만드는 풍경도 장관이었던 기억이 새록새록 하다.

사찰 음식은 없다

이런 풍경은 이제 큰 절에서도 많이 사라졌다. 어른 스님, 행자 할 것 없이 모두가 함께 모여서 1년의 장맛을 준비하고 곁들여 먹을 김치를 만드는 그 모습은 시대의 변화에 휩쓸려 내려갔다. 그만큼 편리한 도구가 많아지고 마트에 나가면 양념을 쉬이 사 오는 시대니 사찰이라고 변화하지 않겠는가. 그런 흐름을 막을 수는 없다. 간혹 학인이 있는 사찰에서는 김장을 하거나 함께 장을 담는 일이 있다고는 하지만 역시 예전의 그 모습만 못할 것이다. 그렇게 사찰에서 볼 수 있었던 후원의 문화는 점차 우리의 기억에서 지워져 간다. 그게 안타까울 따름이다.

4

지금, 진정 사찰 음식이 있는가

: 무엇을 지켜야 하는가

사찰 음식 이야기를 하면서 가장 강조하고 싶은 건, 지켜야 할 것은 지키자는 점이다. 세상이 빠르게 바뀌어도 오랜 시간 이어왔던 사찰만의 문화가 있다. 이것은 단순히 '전통'으로 설명되는 것이 아니다. 그 안에 분명한 철학과 정신이 녹아 있는 행동양식이다. 때로는 예술로 표현되기도 하고 때로는 가장 기본적인 행동양식이기도 하다. 보이지 않는 무형의 자산을 드러내는 얼굴이라 하겠다.

1960년대까지만 해도 사찰의 문화는 아주 풍성했다. 오페라에 비견할 만한 의식이 있었고, 그 의식에 필요한 다채롭고 수준 높은 예술이 있었고 식문화가 있었다. 그걸 종합적으로 보여주는 것이 수륙재다. 유네스코 세계문화유산으로 지정한 영산재가 뒤늦게 세상의 주목을 받았지만, 사실 영산재 역시 수륙재의 일부였다. 수륙재는 세상에 존재하는 모든 유무형의 중생을 위한 의식이다. 땅과 물, 하늘에 사는 모든 동식물과 눈에 보이지 않는 미생물, 심지어 33천으로 구분하는 불교의 세계에 층층이 존재하는 모든 것이 다 수륙재의 대상이다. 이를 위해 25청을 올리는 단계별 의식에 맞추어 25개의 불단을 만들었다. 노래와 춤, 연주가 뒷받침되고 불단에 온갖 과일과 음식을 해서 올렸다. 상상단, 상단, 중단, 하단, 사자단, 마고단, 용왕단 등의 불단이 가득 찰 정도였다.

정확히 수륙재의 불단에 올리는 음식을 다 기억하진 못한다. 지금도 기억하고 있는 건 불단에 올리는 재물을 쌓는 방법이다. 지금은 상상도 하기 어려울 만큼 음식을 높이 쌓았는데, 여기에는 기술이 필요했다. 이건 아무나 할 수 있는 일이 아니었다. 역시 대물림해서 배워야 가능한 것이었다. 후원의 각 소임인 공양주, 갱두, 채공, 별좌뿐 아니라 이 모든 과정을 거쳐 절의 살림을 책임지는 원주까지 모두가 총동원됐다. 수륙재는 하나의 절에서만 준비하는 게 아니었다. 워낙 큰 행사여서 특정 지역에 수륙재가 열린다고 하면 해당 지역 내에 있는 모든 사찰이 다 동원됐다. 절마다 각각의 깃발을 앞세우고 바라를 치고 나팔을 불면서 범패승들이 입을 모아 짓소리*를 했다. 그렇게 끝도 없이 일주문으로 들어섰다. 지금은 볼 수 없는 사라진 옛 시절의 장관이다.

그렇게 화려하게 꽃피웠던 불교의 의식이 자취를 감추게 된 건 1960년대 초다. 청정 교단을 만들겠다며 대처승을 몰아내려 했던 불교 정화운동 시기. 명분은 대처승이 일제 강점기의 잔재라는 것이었다. 그러나 비구와 대처승의 싸움에 희생된 건 애꿎은 불교의 문화였다. 수륙재를 비롯한 여러 의식이 '무당질'이라는 폄하와 함께 절에서 내쫓겼다. 한국을 대표하는 여러 본사급 사찰에서 범패와 작법 등의

_____

* 부처에게 재(齋)를 올릴 때, 불법·게송(偈頌)을 길게 읊는 소리

의식을 볼 수 없게 된 데에는 이런 배경이 있었다. 의식이 사라짐으로 인해 이런 의식에 사용했던 음식문화도 사라졌다.

사찰의 음식 역시 의식처럼 오랫동안 큰 주목을 받지 못했다. 처음 세간에 사찰 음식이 '산중요리'라는 이름으로 소개되기 시작한 것이 1970년대 초다. 그것도 내가 후원의 음식을 일일이 채록해서 강의로 보여줬고, 이에 흥미를 느낀 부산일보가 1971년에 연재를 의뢰해 오면서 본격적으로 세상에 나왔다. 지금은 사찰 음식이 세계의 관심을 한 몸에 받는 대상이 됐지만, 1970년대만 해도 상상도 못할 일이었다. 사찰의 의식 역시 그런 면에서 아쉽다. '무당질'로 격하되어 밀려나지 않았다면, 그 의식에 녹아 있는 생명 사상이나 세계관이 충분히 세상의 관심을 받지 않았을까 싶다. 더불어 의식을 위해 만들던 음식과 문화도 함께 남아 우리 식문화를 더 풍성하게 만들어 주는 토대가 되었을지도 모른다.

시선을 돌려 티베트나 부탄을 보면, 그곳에는 아직도 찬란한 불교의 의식이 남아 있다. 그들은 되는데, 우리는 왜 안 되는가? 그들의 문화는 과연 무당질에 불과하다고 말할 수 있는가? 한번 생각해 볼 일이다. 과거의 문화가 단절되어 느끼는 안타까움도 있지만, 반드시 지켜야 할 불교의 문화가 사라지는 현상이 진행 중이어서 위기감을 느끼는 것도 있다. 발우공양에 대한 이야기다.

불교의 식문화에서 가장 핵심은 발우공양이다. 사찰 음식을 이야기하는 데 있어서도 개별적인 메뉴에 주목하는 건 의미가 없다고 본다. 오히려 발우공양을 더 중요시해야 한다. 불교의 여러 정신이 발우공양이라는 행위에 집약되어 있기 때문이다. 현재의 발우공양이 중국의 선불교에서부터 비롯됐다고 하지만, 이를 받아들인 한국이 훨씬 공고하게 다져서 철저히 지켜온 불교 식문화의 정점이라 해도 과언이 아니다.

그러나 근래 사찰에서 보이는 모습은 매우 실망스럽다. 사찰마다 후원이 아닌 공양간이라는 낱말이 훨씬 더 보편적으로 사용되고 심지어 '공양간=식당'의 개념이 자리를 잡았다. 그 결과는 더 참혹하다. 공양간에서 식사하는 동안 발우공양의 흔적은 눈 씻고 찾아봐도 보이지 않는다. 공양간에 모인 모두가 줄을 길게 서서 식판을 집어 들고 원하는 음식을 담고 앉아서 식사한다. 식사를 할 때에도 '오관게(五觀偈)'*는 존재 자체가 사라져 버렸다. 이는 재가자나 출가자 모두 마찬가지다. 식사 전에 합장이라도 하면 다행이라고 해야 할 수준이다. 이런 광경을 두고 어찌 사찰의 식문화를 논할 수 있느냐는 말이 절로 나온다. 이곳을 공양간이 아니라 한식뷔페로 불러도 될 지경이다.

도대체 왜 이렇게 되었을까? 애서 포장할 필요 없이 과감하게 인정할 것은 인정하자. 작금의 현상은 출가자가 나태해졌기 때문이다. '반드시 지켜야' 할 것에 무뎌지고 게으른 탓이다. 절을 둘러싼 모든 여건이 그렇지 않은가. 그 안팎에서 출가의 길을 택한 이들은 법납**을 막론하고 스스로 계율을 지키고 절의 문화를 지키는 데 게으르지 않았다고 당당하게 말할 스님이 얼마나 될까. 신도는 출가자를

---

* 오관게(五觀偈): 불교에서 승려의 식사인 발우공양 때나 식당작법(食堂作法)의 의례를 행할 때 독송하는 게송을 지칭하는 용어로, 불교 의식이다. 식사 전에 ① 계공다소양피내처(計功多少量彼來處): 이 식사가 있기까지 공이 얼마나 든 것인가를 생각한다 ② 촌기덕행전결응공(村己德行全缺應供): 자기의 덕행이 공양받을 만한 것인가를 생각한다 ③ 방심이과탐등위종(防心離過食等爲宗): 마음을 지키고 허물을 여의는 데는 삼독(三毒)을 없애는 것보다 나은 방법이 없음을 관한다 ④ 정사양약위료형고(正思良藥爲療形枯): 밥 먹는 것을 약으로 여겨 몸의 여윔을 방지하는 것으로 족하다 ⑤ 위성도업응수차식(爲成道業應受此食): 도업(道業)을 성취하기 위하여 이 공양을 받는다.
식사에 대한 고마움을 식사 때마다 일깨우는 오관게는 현재의 불교 의식 때에는 영산재(靈山齋)를 하고 난 다음에 행하는 식당작법에서만 행해지고 있다. 사찰에서 스님과 대중이 같이 공양하는 큰방에는 사방 벽에 앉는 자리를 글로 써서 붙여놓고, '오관(五觀)'을 상기하게 한다.
** 승려가 출가하여 수계한 날로부터 세는 나이

공경해야 하지만, 이는 반대로 재가자, 신도를 대하는 출가자의 태도 역시 그래야만 한다. 그런데 오늘의 불교계가 진정 그러한가 말이다.

무엇보다 사시마지(巳時摩旨)* 이후 발우공양을 하는 문화는 부처님 재세 시부터 지금까지 이어지는 유일무이한 문화다. 부처님 당시 교단은 하루 한 끼만 먹는 일일일식(一日一食)의 전통을 지키고 있었다. 식사하는 시간은 사시 이후, 지금도 사시 예불을 올리고 마지를 올리는 건 그때의 전통을 기리고자 함이다. 육신을 가진 부처님은 열반하셨지만, 제자들에게 남아서 전하는 부처님의 법통은 살아 있으니 부처님께 그때의 전통에 따라 사시마지를 올리는 것이다. 이때 소매를 붙잡고 한 손으로 마지밥을 들고 올라가는 모습은 사시마지의 모든 것을 보여주는 장면이다. 예불이 끝나면 불단에 올랐던 마지밥을 내려 절 안의 모든 스님이 나누어 먹었다. 새벽 공양이나 저녁 공양에는 가사와 장

---

* 사시마지(巳時摩旨)는 오전 중 사시(巳時 9시~11시) 사이에 부처님께 올리는 공양이다. 대중은 보통 하루에 세 끼를 식사하지만, 부처님은 평소 하루에 딱 한 번 오전에만 식사하셨기 때문에 훗날 제자들도 그 뜻을 받들어 사시에 맞춰 공양물을 올리게 된 것에서 유래한다. 마지(摩旨)는 '부처님께 공양을 올리면서 손으로 만들어 올린다'는 뜻이다. 우리말로는 그대로 '맛있는 진지를 올린다'로 해석한다.

삼을 수하지 않아도 점심 공양만큼은 가사 장삼을 챙긴다. 그만큼 예를 갖추는 건 부처님 전에 올랐던 마지밥을 나누어 먹기 때문이다. 그래서 점심 공양은 다른 어떤 공양 시간보다 엄숙했다.

사시에 예불을 올리고 마지를 나누어 먹는 전통은 우리 고유의 것이 아니다. 전 세계 불교의 전통이 전해진 나라는 남방이든 대승불교권이든 모두가 똑같이 지키는 문화다. 세상에 존재하는 어떤 종교와 비교를 해도 2500년이 넘도록 모든 나라의 성직자가 하나의 공통 문화를 유지하는 경우는 없다. 오직 불교뿐이다. 이 사실을 아무도 말하지 않고, 잘 모른다. 사시 예불에 담긴 의미, 그리고 그때 올리는 마지의 중요성, 이를 나누어 먹는 점심 공양의 거룩함을 우리는 잊고 있는 것인가? 아니면 저절로 사라지고 있는 것인가? 정녕 한국불교의 출가자들이 이런 문화를 지키는 데 있어 게으르지 않았다고 말할 수 있는 것인가?

발우공양의 문화가 빛을 잃어가는 데는 물론 외부 요인도 있을 것이다. 1980년대 이후 부처님 오신 날처럼 중요한 날이면 절을 찾아오는 신도의 수가 엄청나게 늘어났다. 후원의 소임을 보는 사람 입장에서 보면, 이런 현상은 정말 감당하기 힘든 일이기도 하다. 다행히 그 모든 사람이 발우공양을 할 필요는 없었다. 원래 재가자는 발우공양을 하지 않는다. 식판이나 대접에 각자 원하는 정도씩 밥과 반찬을 덜어 먹게끔 할 수 있었다. 그러다 어느 순간 공양간에서 식판은 필수불가결한 물건으로 자리를 잡아 버렸다. 그렇다고 출가자마저 식판에 밥을 받아먹을 수 있는 건 아니다. 소임자는 일이 바쁘니 그렇게 할 수 있지 않느냐고 반문할지 모르지만, 그렇다고 해서 눈감아 줄 수 있는 게 아니다. 출가자의 신분을 가진 이는 발우공양의 문화를 지켰어야 했다.

발우공양을 하는 공간을 대방이라고 부른다. 대방은 지금도 큰 절마다 남아 있다. 지금도 본사급의 큰 사찰에 가 보면 어렵지 않게 대방을 볼 수 있다. 그러나 그 안에서 절차에 따라 매 끼니 발우공양을 하는 모습은 생각보다 보기가 어렵다. 대신 공양간 살림을 살아주는 신도가 소반에 밥과 반찬을 올려 들고 '큰스님'을 찾아 대방으로 들어가는 모양새를 보게 된다. 혹은 공양 시간을 알리는 종이 울리면 법납이 짧은 출가자들이 공양간으로 내려와 식판을 들고 공양하는 모습을 본다. 예전 어른 스님들이 이 광경을 목격하셨다면 과연 뭐라고 하셨을까? 나는 그분들에게 어떤 지적을 들을지 겁이 난다.

출가자라면 지켜야 할 계율이 있고 규범이 있다. 다른 계율은 다 지킨다손 치더라도, 왜 발우공양의 전통은 지키지 않는 것인가? 그만한 가치가 없기 때문인가? 발우공양이 빠진 채로 '공양을 한다'는 행위는 어떤 의미를 가지는 것인가. 발우공양의 정신을 널리 알리고 해외에도 알려야 한다는 이야기를 종종 듣는다. 그러나 정작 그 정신을 이어 온 사찰 안에서 발우공양의 전통은 지켜지고 있는지 묻고 싶다.

공양할 음식을 만드는 후원의 변화도 비판하지 않을 수 없다. 지금 후원에는 예전의 그 소임과 역할이 보이지 않는다. 오히려 큰 사찰일수록 공양간 안에는 보살들과 몇몇 행자만 보인다. 그들이 음식을 만들고 상을 차리고 모든 준비를 다 끝낸 '밥상만을' 받아 공양을 하고 있는 것은 아닌지, 당연히 후원에서 지켜오던 문화는 어딘가로 사라져 버렸을 테고 그 맥도 끊겼을 테다. 처음 출가하여 후원에서부터 마음자리 살피는 법을 배우는 기회가 사라졌으니, 그 이후부터 차례차례 배워나가게 되는 여러 가지를 온전히 배울 수 있는 상황인지도 확실치 않다. 그렇다면 출가자인 스님은 선수행(禪修行)*만을 하면 되는 모든 조건이 갖추어져 있다는 의미일 터, 과연 그런 상황인지도 궁금하다.

사찰 음식이 대중매체에 등장하면 예전 후원의 분위기를 이야기하고 몇몇 조리법을 소개한다. 사찰 음식이라는 콘텐츠를 다루는 방식이 거의 예외가 없다. 지금까지 쏟아져 나온 그 많은 조리법을 한데 엮으면 엄청난 분량이 나올 것도 같다.

지금처럼 사찰 음식에 대한 관심이 일어나기 시작한 것은 2000년대 즈음부터다. 1990년대에는 일부 그런 움직임이 있었지만, 사회 정서가 절밥에 큰 의미를 두지 않았던 터라 크게 주목받지는 못했다. 지금 사찰 음식을 소개하는 이들은 어디에서 그 많은 조리법을 익힌 것일까? 누구에게 배웠으며 어떻게 대물림된 것이고 어느 절에서 만들었던 것인가? 이런 부분은 불교계 밖에서도 많은 지적을 받는 부분이다. 그러나 어느 누구도 여기에 대해 명쾌한 답을 주지 않는다. 그동안 아무도 기록을 남기지 않았고, 유일하게

---

* 선수행(禪修行): 평온한 마음으로 정신을 집중하고 깨달음을 얻어 경지에 도달하는 불교 수행법(선종)이다. 좌선과 명상 등으로 내면의 부처를 발견하고 열반에 이를 수 있다고 본다. 반면 교종은 경전을 읽고 암송을 함으로써 깨달음을 얻을 수 있다는 수행법이다. 선은 인도에서 유래하여 중국 당나라를 거쳐 신라에 전파되었고, 고려 시대 불교에도 많은 영향을 주었다.

기록을 남겼던 사람이 나다.

　나는 사찰마다 전하는 조리법을 기록하기 위해 25개 교구 본사를 찾아다니면서 가능한 많이 기록을 남기고자 했고, 지금도 그 기록을 가지고 있다. 그러나 아무도 이를 궁금해하지 않고 누구도 찾아오지 않는다. 이대로라면 1960년대 이전부터 내려오던 이 기록은 그대로 사라지지 않을까 싶어 두렵다.

　부디 사찰 음식 쪽으로 관계된 분이라면, 관심 있는 분이라면 한 번쯤 돌아보았으면 한다. 과연 사찰 음식이라는 것을 어떻게 정의 내리면 좋을지 말이다. 무엇을 사찰 음식이라고 부를 것인가. 그리고 진정한 사찰 음식의 개념을 논한다면 어디서부터 어디까지를 다시 찾아야 할까. 확실한 것은 부처님의 가르침이 담겨 있지 않은 것은 사찰 음식이라 불러서는 안 된다는 점이다.

　형식만 남아서도 안 된다. 하나하나의 과정에 명확한 철학과 의미가 있어야 한다. 전통을 이야기할 것이라면 그 전통이 지금 온전히 지켜지고 있는지도 살펴야 한다. 무엇을 지키고 무엇을 계승할 것이며 어떻게 발전시켜 나갈 것인지에 대한 답이 있어야 한다. 그렇지 않다면 지금 우리가 말하는 사찰 음식이라는 것은 아무것도 아니다. 이 상태라면 분명하게 말해야 한다. 지금 한국불교의 사찰에는 사찰 음식이 없다고.

제2장

공양간을
기록하다

1

명허 스님의 불호령

: 내 인생의 첫 번째 갈림길, 출가

누구나 인생의 결정적인 순간이 있다.

나도 그랬다. 내 인생을 규정할, 평생을 바쳐 해야 할 무언가를 찾는 순간. 출가를 결정했던 일이 그랬고, 사찰의 후원에서 음식을 처음 만들던 때가 그랬다. 음식을 만드는 소임을 받은 것 자체가 나의 인생이 지금까지 흘러오게 된 직접적인 계기는 아니었다. 단지 사찰 음식과의 첫

사찰 음식은 없다

만남이었고, 뒤이어 그때까지 누구도 하지 않았던 조리법의 기록을 절감하게 된 계기를 경험하게 해 준 바탕이 되었을 뿐. 모든 갈림길은 이유가 있다. 그리고 어느 쪽이든 선택에 따른 결과가 쌓이고 쌓이면서 인생을 조금씩 빚어 올리기 마련이다.

사찰 음식에 평생을 바친 사람이지만, 나라고 처음부터 음식을 잘 만들었던 건 아니다. 출가를 해서 행자의 신분으로 후원에서 음식을 배웠다. 다만 손재주에 대한 센스가 있었다. 이해가 빨랐고 제법 후한 평가를 받는 음식을 곧잘 만들어냈다. 이런 솜씨는 어머니에게 물려받은 듯하다. 어머니는 음식을 잘 만드셨다. 손재주도 좋아서 가족의 옷을 일일이 직접 지어 주셨다. 내가 어린 시절이던 1940~50년대까지는 세탁을 할 때면 매번 옷감을 다 풀어 헤쳐서 따로따로 빨래해야 했다. 빨래가 마르면 다시 바느질을 해서 옷을 지었다. 매번 일일이 그렇게 해야 했다. 예전 한복은 그랬다. 지금 세상에는 상상도 못할 번거로움이다. 어머니가 그렇게 가족을 돌보는 일에만 충실했던 반면 아버지는 풍류를 좋아하는 인물이셨다. 워낙 호방한 성격이었던지라 동네에서 유명했다. 좋아하지 않는 사람이 없었다. 하지만 우리 가족에게만 관심을 두는 성격은 아니셨다. 세 집 살림을 살기도 하셨다. 그게 그 시절에는 꽤 흔한 경우였다. 하지만 식구들에게는 무척 엄격하셨다. 그런 아버지가 나는 늘 무서웠다.

어릴 적부터 내성적인 성격이었던 나는 책 읽는 것을 좋아했고, 밖에서 친구들과 어울리기보다 들판에 핀 꽃을 찾아다니고 곤충을 관찰하는 걸 즐겼다. 출가를 결심한 건 집에서 나와 살아도 먹고 사는 데 지장이 없고 공부를 할 수 있다는 말 때문이었다. 언젠가 집 근처 사찰에서 만났던 젊은 스님이 해 주었던 말이 줄곧 뇌리에 남아 있었다. 사춘기를 보내는 동안 갈수록 아버지를 닮기보다 나만의 인생을 살고 싶다는 마음이 강해졌다. 그래서 출가에 관심을 두고 있던 차였다. 워낙 책을 좋아하던 나는 우연히 천경자 선생이 쓴 《유성이 가는 곳》이라는 수필을 보게 됐다. 그 책에는 해남의 대흥사와 제주도의 정방사 스케치 여행기가 나왔다. 마음이 끌렸다. 천 선생의 정방사 풍경에 대한 묘사는 구절구절이 마음을 흔들었다. 이파리가 반질거리는 동백나무에 핀 붉은 꽃과 그 나무 사이로 지나가는 회색 옷을 입은 까까머리 스님들. 머릿속으로 그 장면을 그리며 대흥사에 대한 호기심이 일었다. 가슴이 두근거렸다.

결정을 내렸다. 그리고 돈을 모으기 시작했다. 동네 아이들에게 연을 만들어 팔고 푼돈을 모았다. 물론 큰 금액이 될 수는 없지만 내 인생의 물꼬를 바꿀 종자돈은 될 것 같았다. 1년여를 준비해서 길을 나섰다. 열다섯 살 때의 일이었다. 처음에는 고향집에서 비교적 가까운 해남부터 갔다. 대흥사에 도착했는데, 누구도 돌아봐 주는 이가 없었고 뭘 어떻게 해야 할지 알 수가 없었다. 한참을 머뭇거리다 내 마음을 흔들었던 정방사를 향해 다시 떠나기로 결심했다. 어렵사리 목포에 닿아 제주도 들어가는 배에 올랐다.

처음으로 고향을 떠나 먼 제주도까지 가야 하는데, 아무런 정보가 없었다. 정방사라는 절이 실존하는지조차 확신할 수 없었다. 길 위에서 만난 사람들마다 물었다. 서귀포에 정방폭포가 있는지, 그 근처에 정방사라는 절이 있는지. 그러고도 미심쩍은 생각에 천경자 선생이 써 놓은 대로 종려나무 다섯 그루가 있는지도 물었다. 사람들은 내 물음에 "맞다."는 대답을 들려주었다. 그 먼 길을 갈 수 있었던 건 그들이 들려준 대답이 확신을 주었기 때문이었다. 정말 큰 힘이었다.

정방사는 책에서 읽었던 그 풍경 그대로였다. 폭포가

쏟아지고 종려나무 다섯 그루가 있는 남국의 풍경, 파란 노란 수선화꽃이 만발한. 그곳에 도착해서 큰 용기를 내어 머무르게 해달라고 간청했다. 그렇게 정방사에서 처음으로 절 생활을 시작했다. 그때는 정방사에 스님 한 분만 계실 때였다.

불교라는 종교도 전혀 몰랐고 절이라는 공간이 어떤 곳인지는 더더욱 몰랐다. 가르쳐주는 이도 없었고 이렇게 하라고 하니 그렇게 하면서 하루하루를 보냈다. 그렇게 1년쯤 지난 후였다. 잠시 머물렀다 가는 객승 한 분과 같은 방을 잠시 쓰게 됐다. 그 스님이 물었다.

"행자님은 여기 왜 왔어?"

"공부하고 싶어서 왔습니다."

스님은 허허 웃더니 버럭 소리를 질렀다.

"예끼 이놈! 네가 소냐 말이냐? 사람이라면 여기가 아니라 진짜 공부할 수 있는 도량으로 가야지, 여기서 무슨 공부를 한단 말이냐! 스님 혼자 계시는 이런 절에서는 온전히 공부를 할 수 없는 법이다. 진짜 중이 되려면 큰 절로 가야지. 가서 대중 생활을 하면서 처음부터 제대로 배워야 공부를 할 수 있는 게다."

당혹스러웠다. 그게 무슨 의미인지도 이해하기 어려웠다. 공부를 할 수 있는 곳이 따로 있다는 말인가. 스님은 그런 곳으로 가야 제대로 된 중이 될 수 있다며 그런 곳으로 데려다 주겠다고 했다. 궁금했다. 스님이 모여서 공부하는 곳은 어떤 곳일까. 그 길로 스님은 정방사 주지 스님에게 직접 허락을 받아주었다. 그러고는 나를 데리고 육지로 갔다. 그렇게 가게 된 곳이 나의 출가본사인 부산의 범어사였다. 지금에 와서 돌아보면 참 고마운 분이다. 아직도 스님의 법명도 모른다. 시간이 지난 후에 물어보니 그 스님은 제주도에서 나를 보고는 상당히 좋은 수행자의 기질이 보였다고 하셨다. 훌륭한 불제자가 되길 바라는 마음으로 공부를 잘할 수 있는 환경을 만들어주고 싶었다고 했다. 그렇게 범어사 주지 스님에게 나를 소개해서 상좌로 들어갈 수 있게 해주셨고 스님은 다시 자기가 갈 길로 떠나셨다. 1961년, 내나이 열여섯 살의 일이었다.

：후원, 인생의 두 번째 갈림길

사람들은 출가를 하면 바로 스님이 되는 줄 알지만, 그

렿지 않다. 정식으로 계를 받아야 스님이 되는데 그것도 사미계나 사미니계, 그 뒤에 비구니계를 차례로 받아야 한다. 그전에는 행자라는 신분으로 생활해야 한다. 과거에는 그 시간만 3년이었다. 행자가 되면 소임을 받는다. 소임은 많은 사람이 함께 지내는 큰 절에서 각자 자기 역할을 맡아 하는 것으로 대중 생활에서는 매우 중요하다. 자기 소임을 잘 해냈을 때 모두가 문제없이 절 생활을 이어갈 수 있다. 톱니바퀴가 돌아가듯 살아가는 게 절에서의 삶이다.

내가 출가했을 때 범어사의 행자는 모두 열일곱 명이었다. 나는 후원의 공양간에서 소임을 살게 됐다. 그중에서도 나물로 음식을 만드는 채공이 나에게 처음 주어진 일이었다. 재료를 다듬고, 보관하는 법을 배우고, 이것을 음식으로 만들어내는 과정. 순서대로 배워서 정성을 다하는 그 과정을 익히면서 나름의 재미도 찾을 수 있었다.

그러나 언제나 순탄한 길만 펼쳐지는 것은 아닌 법. 후원에서의 일과도 그랬다. 무엇보다 어른 스님들의 질책이 난관이었다. 그중에서도 잊을 수 없는 분이 계셨다. 나에게 인생의 길을 열어주신 분, 명허 스님이다. 스님은 그때 이미 연세가 지긋하신 노스님이셨다. 끼니마다 음식을 준비해

52 사찰 음식은 없다

큰방에 들여보내면 스님들이 모여서 공양을 한다. 공양을 하고 나가실 때 명허 스님은 가시는 길에 꼭 후원에 들러서 쓴소리를 하셨다. 음식이 예전 같지 않다는 말씀이셨다. 옛 날에는 나물을 이렇게 저렇게 해서 어떻게 만들고, 어떤 재료는 다른 방식으로 다듬어서 했는데, 요새 무지랭이들은 그런 조리법을 전혀 모른다는 거였다. 매번 후원에 들러 행자들에게 호통을 치고 가시니 그럴 때마다 행자들은 좌불 안석이 될 수밖에 없었다. 그렇다고 배운 게 뻔하니 별다른 해법을 찾을 길이 없었다. 우리에게 음식을 가르쳐주는 이도 모르는 걸 명허 스님은 주문하셨고, 아무도 조리법을 모르니 난감할 따름이었다. 그저 매일 야단을 맞을 뿐이었다. 우리는 명허 스님을 '맹호 스님'이라고 불렀고 스님이 보이면 마음이 콩알만 해졌다.

　행자들은 그저 빨리 시간이 흘러서 다른 소임을 받기만 기다리는 눈치였다. 나는 생각이 달랐다. 원체 의문이 생기면 풀어야 하는 성미였다. 어릴 적부터 그랬다. 늘 그런 식이었다. 후원에서 맞닥뜨린 명허 스님의 불호령도 의문으로 다가왔다. 대체 스님은 왜 저러시는 걸까. 이유가 궁금했다. 그래서 스님을 찾아갔다.

지금 기억에 스님은 당황한 기색이 역력했다. 한편으로는 이런 녀석이 다 있나 싶은 얼굴이기도 했다. 그럴 만도한 것이 나는 아직 계조차 받지 않은, 나이 열일곱 살의 행자였고, 스님은 이미 법납(法臘)이 수십 년이 넘은 어른이셨으니 말이다. 하심(下心) 해야 하는 나이 어린 행자가 찾아와 불호령의 이유를 캐물으니 얼마나 당돌해 보였을까. 그럼에도 스님은 내가 제기하는 질문을 들어주셨다. 명허 스님은 내심 안타까운 마음이 있으셨던 모양이다. 스님이 출가했을 때만 해도 존재했던 여러 음식이나 조리법이 그때이미 적잖게 사라진 상황이었다. 물론 행자는 후원에 들어와서 처음 음식을 배우는 사람이 많았고, 당연히 그의 근기에 따라 익히는 가짓수나 수준이 다를 수밖에 없다. 하지만 가장 큰 요인은 조리법을 기록하지 않는 절의 문화였다. '맛'에 집착하는 것을 금기시하는 사찰 문화는 음식의 맛과레시피를 입에서 입으로만 전하고 있었다. 당연히 맛은 변할 수밖에 없고 즐겨 만들지 않거나 조금만 어려워도 잊히기 십상이었다.

명허 스님은 예전 후원 문화에 대해 이야기해 주기 시작했다. 물론 스님의 젊은 시절이나 내가 행자 생활을 하던

사찰 음식은 없다

때나 문화 자체가 크게 달라진 건 없었다. 다만 후원 안에서 만드는 음식의 조리 방식에 관한 아쉬움을 많이 말씀해 주셨다. 그중에서도 이미 사라져 버린 옛 음식에 관한 이야기는 무척 가슴 아프게 다가왔다. 스님이 알고 있는 조리법을 알려주고 재료를 대하는 방식에 잘못된 부분은 기꺼이 들려주었지만, 스님조차 기억하지 못하는 음식은 되살릴 방도가 없었다. 옛 후원의 음식을 듣던 중에는 혼도 많이 났다. 과거에는 이러저러하게 해줬는데, 요즘은 전혀 그렇지 않다는 것. 다들 쉽게 하려고만 하고 지켜야 할 것을 무시하는 경향을 질책하는 꾸지람이었다. 듣다 보니 스님이 왜 매번 후원에 들러 불호령을 내리셨는지 이해할 수 있었다.

후원의 행자가 노스님을 찾아 이런 이야기를 듣는 경우가 아예 없었으니 스님의 속마음을 아는 사람이 없었다. 말씀을 하진 않으셨지만 당신의 마음을 헤아려주는 후대가 없다는 게 속이 상하셨던 모양이다. 더구나 후원의 일이 아닌가. 아무도 중요하게 바라보지 않았던 후원의 변화를 스님은 그렇게나마 나에게 전해주셨다. 그날 스님과의 자리 이후 생각이 많아졌다. 나의 눈앞에 새로운 갈림길이 놓여 있었다.

2

아무도 가지 않는 길을 가는 절집의 이단아

영원한 것은 없다. 이건 만고불변의 진리다. 불교에서 이야기하는 핵심 중 하나가 바로 이것이다. 태어나면 죽고, 생기면 소멸한다. 그러니 집착할 필요가 없다. 모든 것은 변화하고 종국에는 사라진다. 사찰 음식을 두고 생각하자면 이것은 딜레마가 된다. 사찰에서 만들고 먹는 문화가 가진 가치는 매우 훌륭하다. 이 시대에, 이 사회에 던지는 의미가 확실하다. 뒤를 생각하지 않는 소비, 낭비는 그에 따른 결과를 가지고 온다. 내 눈에 당장 드러나지 않아도 나비효과가 되어 돌고 돌아 나에게 영향을 미치게 마련이다. 현대 사회에서 가장 중요한 핵심 가치 중 하나는 '지속 가능성'이다. 인류가 지속하기 위해 무엇을 해야 하는가? 수많은 사람이 이 질문을 던지고 답을 찾지만, 이론적인 대안만 나올 뿐 현실적인 해결책은 좀처럼 보이지 않는다. 사찰 음식은 그래서 의미가 크다. 이미 오랜 시간 공동체에서 실천해 온 식문화이고, 모든 생명에 감사한 마음을 가지고 식습관을 만들어가기 때문이다.

명허 스님과 대화를 나눈 이후 고민이 많아졌다. 문제는 단순했다. 가치를 널리 알릴 것인가, 아니면 계율을 지킬 것인가. 내가 출가해서 행자로 생활했던 1960년대에만 해도 아무도 사찰 음식의 조리법을 주목하지 않았고 발우공양이 가진 가치를 눈여겨보지 않았다. 필요한 조리법은 구전으로만 전수되어서 수없이 명멸하길 반복하고 있었다. 나는 이 음식의 가치가 아까웠다. 더 많은 사람에게 절의 음식을 알리고 불교의 가치관을 실천하는 식문화를 전하고 싶었다. 물론 처음에는 단순히 사라져가는 것을 기록해야겠다는 생각에서 시작했다. 이걸 기록으로 남기면 사찰 음식이 더 발전하는 데 기여할 수 있지 않을까 싶었다.

이런 마음을 조심스럽게 명허 스님께 전했다.

"스님, 후원의 조리법을 기록하고 싶습니다."

"그건 계율을 위반하는 일이네."

"알고 있습니다. 하지만 과거부터 이어져 오던 귀중한 유산을 이렇게 사라지도록 하는 게 안타깝습니다."

명허 스님은 그 마음은 이해한다고 했다. 하지만 계율을 어기는 것은 출가자에게 무엇보다 중대한 죄다. 다른 어떤 것과도 바꿀 수 없는 일이다. 그럼에도 불구하고 나는 자꾸만 변형되어 가는 절의 후원 문화를 지키는 것도 중요하다고 생각했다. 절에서는 고기를 먹을 수도 없고 생선도 못 먹는다. 더구나 오신채도 사용하지 못하니 자연스럽게 속가와는 다른 음식 전통이 생겼다. 이 전통이 사라지는 걸 방관만 하는 것은 과연 옳은 걸까? 나의 결정은 이 질문에서 시작했다. 그리고 마음을 굳혔다. 계율에 어긋나는 일이지만 나의 결정이 또 다른 흐름을 만들 수도 있지 않을까 싶었다.

스님은 묵묵히 나의 말을 들어주다가 고개를 끄덕여 주었다. 스님도 후원 문화를 채록할 필요성을 공감하고 있었다. 다만 그 당시 한국불교의 분위기가 이런 선택을 쉽게 인정하고 받아들여 주지 않을 것을 알고 계셨다.

"그래도 절의 전통에서는 각 자리마다 물림으로 내려오는 게 원칙인데 그렇게 하는 건 맞지 않는 것 같구나."

"제가 채록한 것은 제가 가지고 있겠습니다. 그렇게 하면 적어도 제가 있는 절의 음식은 모두 제가 할 수 있지 않겠습니까?"

"앞으로의 길이 험난할 텐데 괜찮겠느냐?"

"각오가 섰습니다. 감수하겠습니다."

물론 명허 스님은 완강하셨다. 쉽사리 허락을 해 주지 않으셨다. 나는 나름의 명분과 각오를 하고 말을 꺼냈던지라 사찰 음식을 기록하는 일의 당위성을 계속해서 강조했다. 이 일이 계율을 어기는 일에 해당하는 것도 그렇지만 시작하고 나면 어려움이 많을 거라고 하셨다. 누구도 가지 않은 길이니 당연하다는 생각도 들었다. 그래서 더 물러설 수가 없었다. 지금은 전례가 없으니 이해할 사람이 많지 않더라도 시간이 흐르면 언젠가 이 가치를 알아보고 인정해 줄 사람이 있을 것이라 생각했다. 내가 사찰의 음식문화가 가진 의미와 가치를 발견한 시점은 아주 중요한 타이밍이라는 판단이 들었다. 채록해야겠다는 결심은 더욱 굳어갔다.

몇 번을 사정한 끝에 스님은 굳게 닫았던 입을 열어 말씀하셨다. 종단의 반대를 이길 수 있다면 한번 도전해 보라고. 물론 그건 살면서 겪어보지 않은 두려움이었다. 거대한 벽이 될 게 분명했다. 그럼에도 아무도 가지 않은 길을 개척한다는 데 큰 의미를 두기로 했다. 마음을 굳게 먹었다. 그러자 스님은 비로소 승낙해 주셨다.

　　허락받은 그날부터 사찰 음식의 조리법을 채록하기 시작했다. 더불어 사찰의 음식에 대한 명허 스님의 생각까지 모두 전수받기 시작했다. 당시 후원에서 사라진 음식은 조리 방식과 맛의 특징을 배우고 나면 나름대로 고민해서 음식을 만들었다. 그렇게 하나씩 만들어서 가져다 드리고 직접 드셔보신 후에 "이 맛이야"라고 인가받으면 하나의 조리법을 완성하는 식으로 반복해서 음식을 하나씩 복원했다. 그러니 나에게 사찰 음식을 가르쳐 준 스승은 명허 스님이나 다름없다. 이게 1960년대 초반의 일이다.

　　처음에는 범어사의 후원에서 전해오는 조리법을 기록하는 것이 목적이었다. 채공의 소임을 받아 그때까지 배웠던 음식을 차례로 적어 내려갔다. 3년이 넘는 시간 동안 후원의 소임을 살면서 국을 끓이는 갱두과 밥을 짓는 공양주의 조리법도 모두 기록했다. 당시 범어사에는 후원 곁에 살면서 고양이를 키우고 후원의 허드렛일을 도와주던 반야월 보살이 있었다. 보살님은 범어사에서 오랜 시간을 보냈던 터라 이미 없어진 음식을 많이 알았다. 덕분에 범어사의 여러 음식을 보완하고 복원할 수 있었다. 바로 옆에 있는 비구니 암자인 대성암도 음식의 전통이 잘 발달한 곳이다. 시간이 나는 대로 대성암을 찾아 노스님께 예전의 후원 음식을 여쭈었고, 스님도 예전의 후원의 전통이며 조리법 등을 알려주셨다. 범어사에서 전해오던 많은 음식을 정리할 수 있었던 건 그분들 덕택이다.

: 하루에 밥 하나씩 거두는 해인사

음식을 하나씩 정리하다 보니 욕심이 생겼다. 다른 절의 후원이 궁금해지기 시작했다. 여기에는 다른 이유도 있었다. 교구 본사 급의 큰 사찰은 스님 교육기관으로 강원, 율원, 선원을 갖추고 있다. 강원은 경전을 공부하는 곳, 율원은 계율을 연구하는 곳, 선원은 선 수행을 중심으로 하는 곳이다. 이 3개의 기관을 모두 갖춘 곳을 총림이라 부른다.

범어사도 3개의 기관을 모두 갖춘 '금정총림'이다. 계를 받고 범어사의 강원을 들어갈 수도 있었지만, 기왕이면 해인사의 강원으로 가고 싶었다. 해인사의 강원은 모든 출가자가 가고 싶어 하는 곳이기도 하다. 그만큼 기강이 강하기도 하고 강사의 실력이나 교육 수준이 아주 높았다. 한국을 대표하는 강원이라면 단연 해인사의 강원을 꼽을 만하다. 속가로 치면 서울대를 나온 것이나 마찬가지다. 범어사 출신인 내가 해인사의 강원을 들어간다는 건 일종의 유학인 셈이었다. 어차피 공부를 할 거라면 해인사의 강원에서 경전을 익히며 해인사 후원의 음식을 익히고자 했다. 나아가 전국의 주요 사찰에서 음식을 배워 이를 기록하겠다는 목표를 세웠다. 이는 사라져가는 것을 지키고 싶었던 마음에서 시작한 일이었다.

내가 출가한 범어사와 강원을 다닌 해인사는 똑같은 대규모 사찰이었지만 큰 차이가 있다. 범어사는 1960년대에도 도시에 인접해 있었다. 먼 옛날에는 금정산 인근이 지금처럼 번화한 곳이 아니었을지도 모르겠다. 그러나 부산이 도시화되면서 이미 오래전부터 금정산 일대는 인구 밀도가 꽤 높은 편이었다. 이는 찾아오는 사람이 언제나 많다는 걸 의미한다. 기도가 있는 날이면 여기저기에서 찾아오는 신자가 많았다. 저마다 떡을 해 오거나 과일을 들고 와서 불단에 올리고 기도를 함께 했다. 그런 이유로 범어사는 늘 먹을 것이 풍족한 편이었다.

해인사는 그렇지 않았다. 가야산은 사하촌(寺下村)과 가야면 일대의 마을을 빼면 주변 수십 킬로미터 이내에 번화가가 없었다. 해인사의 스님들은 자급자족에 집중할 수밖에 없었다. 절 소유의 토지도 꽤 넓어서 이를 빌려 경작하는 소작농도 많았다. 가야면에 거주하는 사람 중 꽤 많은 수가 그런 사람들이었다. 당연히 풍족하지는 않지만, 스님끼리 대중 생활을 철저히 지키는 계율이 엄격하기 마련이었다.

해인사 강원에 들어가서도 나는 목표했던 대로 후원의 소임을 자청했다. 강원에 들어가면 학승이 되지만 그렇다고 공부만 하는 것은 아니다. 건강을 위해서라도 몸을 움직여야 하니 공부 외의 시간에는 다른 일을 병행하면서 절이 원활하게 운영될 수 있도록 손을 보탠다. 해인사의 후원에서도 처음 받은 건 채공이었다. 작은 절에서야 별좌, 채공, 갱두, 공양주를 한 사람씩 맡아 하기도 하지만 이런 큰 절에서는 한 가지 소임에도 여러 사람이 함께 하기 마련이다.

해인사의 후원에 처음 들어갔을 때 인상 깊었던 건 세월의 흔적이 여기저기에서 보인다는 점이었다. 스님들이 손수 가야산 중턱의 물을 끌어올 수 있도록 수로를 만들어 두었고, 이렇게 모인 물은 사시사철 늘 풍족했다. 후원의 바닥은 수백 년 동안 셀 수 없이 많은 사람이 밟고 다니면서 깎이고 패여 울퉁불퉁하게 굴곡이 져 있었다. 솥의 크기도 매우 컸는데, 밥을 균일하게 지을 수 있도록 뚜껑이 평평했다. 하루에 앉히는 쌀만 한 가마니였다. 채공은 스님들이 직접 경작하는 밭으로 가 매일 쓸 만큼의 채소를 거두어 왔다. 해인사는 워낙 큰 절이고 상주하는 인원이 상당히 많았다. 선방 식구에 학인까지 늘 320명 정도가 머물렀다. 그 인원이 먹을 음식은 어지간한 양으로는 감당키 어려웠다. 한 끼에 호박밭 하나를 따야 하루를 먹을 수 있었다. 해인사 둘레로 50리는 다 절 땅이었다. 스님들은 수시로 밭을 일궜고, 매일같이 채공은 그 밭을 돌며 찬거리를 수확했다.

그때 후원에서 함께 소임을 받은 채공은 그 수만 18명이었다. 밥을 짓는 공양주는 3명, 국을 끓이는 갱두도 3명이었다. 이 모두를 조율하는 별좌는 1명, 그리고 그 위에 절 살림을 책임지는 원주도 1명이었다. 범어사에 있을 때나 해인사에서 지낼 때나 후원의 소임을 사는 동안 가장 힘들었던 건 다음 날 아침 공양을 위한 밑작업이었다. 9시에 잠을 청하고 새벽 일찍 일어나 아침 공양을 준비한다. 채공은 식재료를 씻고 다듬느라 늘 옷이 젖어 있었다.

해인사에서는 4년을 머물렀다. 강원에서 공부하며 후원에서 음식을 만들었다. 네 번의 계절이 돌고 도는 동안 그 많은 대중을 먹이는 일을 멈추지 않았고, 그 엄한 규율 속에서 많은 것을 배웠다. 그 시절 내 법명은 '대웅'이었다. 그 이름을 달고 그 어렵다는 해인사의 대중생활을 이겨내고 목표로 했던 후원 문화와 음식의 채록을 무사히 마쳤다. 이 경험은 그다음 계획을 실천으로 옮기는 데 큰 밑거름이 되었다. 이제부터는 전국 각지의 절에서 내려오는 음식을 배울 차례였다.

: 사찰 음식에 관심 두는 게 이상했던 시대

해인사를 나온 후부터 우리나라 전역의 절을 찾아다니기 시작했다. 우리나라는 지역마다 자연환경이 다르다. 당연히 절마다 각기 다른 음식문화가 발전할 수밖에 없다.

1500년 이상 이어온 지역마다의 전통이 자리 잡고 있을 터. 그걸 모두 기록해 둔다면 훗날 여러모로 의미 있는 자료가 될 것이라고 생각했다. 전국을 떠돌며 각지의 절 후원에서 소임을 살았다. 각 절마다 최소 1년씩 머무르며 사계절 바뀌는 음식과 그 조리법을 채록했고, 이것은 지금까지 나의 가장 소중한 재산이 됐다. 물론 매번 후원 소임만 살았던 것은 아니다. 다른 소임을 받아 살던 중에도 음식을 잘한다는 이유로 후원에 들어가 음식을 해야 하는 상황이 이어지기도 했다. 이 또한 나의 선택으로 벌어지는 일이니 받아들이기로 했다. 그렇게 당초 마음먹었던 사찰 음식의 채록은 계속 이어질 수 있었다. 사찰 음식에 대한 일은 절 안에서는 아무런 문제가 되지 않았다. 후원 생활을 오래 했기에 가는 곳마다 내가 만드는 음식에 대한 기대가 있었고, 그간 몸에 익혀두었던 솜씨는 유감없이 발휘됐다. 그렇게 사찰마다 후원을 찾아다니며 채록을 해 온 시간이 30년이 가깝다. 그 사이 적잖은 기록이 쌓였고, 절마다의 특징이 드러나는 중요한 자료가 만들어졌다.

문제는 사찰의 음식을 외부로 알리려고 할 때 벌어졌다. 사찰의 음식을 처음으로 일반인에게 소개한 것은 1971

년이었다. 부산 대각사에서 사찰 음식에 대한 강의를 하게 됐는데, 이것이 이슈가 됐다. 지역의 신문이 이 소식을 알렸고, 강의에 사람이 구름처럼 모이면서 성황을 이뤘다. 그때 사찰의 음식문화에 대해 일반인들이 얼마나 관심이 많은지를 확인할 수 있었다. 처음 범어사 후원에서 음식을 배우며 명허 스님를 찾았을 때 가졌던 생각이 옳았음을 공인받는 듯한 기분이었다.

그때의 그 강의가 세상에 처음으로 사찰의 음식문화를 알리는 자리였다. 그 뒤로 10년이 넘도록 여기저기에서 사찰 음식에 관심을 보였다. 그러나 정작 불교계 내부에서는 이런 흐름에 좀처럼 귀를 기울이지 않았다.

사찰 음식을 더 널리 알리는 게 좋겠다는 확신을 가지고 난 후였다. 당시 서울 을지로에 있던 풍전상가 인근에 '삼보회관'이라는 이름으로 조계종 총무원이 있었다. 1977년, 사찰 음식에 대한 소신을 밝히고 이를 알리는 일에 본격적으로 나서고자 삼보회관을 찾았다. 승낙을 받기가 쉽지 않을 거라는 건 알고 있었다. 한국 불교계는 1990년대 이전까지만 해도 사찰의 음식문화에 관심 가지는 것을 터부시했다. 절의 음식은 그저 '절밥'이었을 따름이었다. 절을 찾는 많은 사람들은 절밥이라고 하면, 비빔밥을 떠올리는 게 보편적인 상황이기도 했다. 불교계가 무엇을 가지고 있는지, 이것이 어떤 의미가 있는지에 대해서는 아무도 고민하지 않았다.

이런 현상은 비단 사찰 음식에만 국한된 일이 아니었다. 출가자의 예술 활동 역시 마찬가지였다. 지금은 스님이 선화를 그리고 전시를 하는 일이 많아졌지만, 그 당시만 해도 이건 있을 수 없는 일이었다. 하물며 악기를 연주하거나 음악에 흥미를 보이는 건 말할 나위가 없는 일이었다. 그때만 해도 이런 활동은 절대 불가능한 일이었다. 그로부터 40년이 흘렀다. 현재 출가자의 예술 활동을 대하는 종단의 태도는 그 당시와 180도 바뀌어 있다고 해도 과언이 아니다. 그 사이 계율이 바뀐 걸까? 아니면 이런 일련의 활동에 대한 계율을 해석하는 율사들의 입장이 바뀐 걸까? 아니다. 그저 종단의 눈높이가 달라졌을 뿐이다.

사찰 음식문화의 가치를 알리겠다는 1977년 나의 제안은 일언지하에 거절당했다. 도리어 계율에 어긋나는 일에 관심을 가지는 이단아일 뿐이었다. 각오했던 일이지만, 그럼에도 상처가 컸다. 그렇다고 내 인생의 길로 선택한 그 일을 포기할 수는 없었다. 이단아로 낙인찍히더라도 그 일을 해야겠다고 생각했다. 그렇게 서울 후암동에 자리를 잡고 사찰 음식 전문점인 '산촌'의 문을 열었다. 이는 조계종에서 '대웅'이라는 출가자가 떨어져 나와 '정산'으로 거듭나게 되는 분기점이 되었다.

3

범어사 흰죽 공양의 가치

: 역사가 만들어낸 사찰의 음식

오랜 세월 사라지지 않고 이어지는 것은 나름의 문화를 갖추기 마련이다. 이것을 우리는 전통이라고 부른다. 불교의 역사가 이미 2500년이 훌쩍 넘었기에 세계 각국이 공통으로 유지하고 있는 전통도 있지만, 동북아시아에서 꽃피운 대승불교만의 전통도 있다. 더 깊이 들어가면 대승불교권의 사찰은 초기 불교 또는 남방 불교와는 다른 문화 속에

사찰 음식은 없다

서 각 지역에 따라 그 절만의 문화를 만들어내기도 한다. 이것은 그 절이 지나온 역사적 배경에서 비롯된 경우가 많다. 큰 사찰의 사찰 음식문화를 기록하고 이를 후대에 알릴 가치가 크다고 주장하는 건 그래서다.

내 출가본사인 범어사 역시 마찬가지다. 대한불교조계종 제14교구 본사인 범어사의 역사를 찾아보면, 신라시대인 678년(문무왕 18년)으로 거슬러 올라간다. 《신증동국여지승람》에는 의상 대사가 창건한 것으로 기록돼 있다. 범어사가 자리 잡은 금정산은 금빛 물고기가 하늘에서 내려와 우물에서 놀았다는 설화가 전해 내려온다. 그 우물이 있던 자리에 건립해서 '범어사(梵魚寺)'다. 오랜 역사를 가진 만큼 이 절은 고승도 많이 배출했다. 원효대사를 비롯해 표훈, 낙안, 영원, 매학, 묘전 스님 등이 범어사 출신이다.

임진왜란 때 서산대사가 승병을 일으키자 범어사 사부대중의 일부는 승병으로 참전했지만 그렇지 못한 이들은 마음을 다해 응원을 보내기로 했다. 당시 범어사에 남아 있던 스님들은 목숨 걸고 싸우는 도반을 두고 어찌 따뜻한 밥을 먹을 수 있느냐며 아침 공양으로 흰죽을 먹기로 결의했다. 그때부터 시작된 것이 지금까지 이어지고 있다. 오늘도 범어사는 말간 흰죽을 먹는다. 이 전통은 범어사에서 템플스레이를 해 본 사람이라면 경험해 보았을 것이다.

범어사 역시 해인사처럼 강원, 율원, 선원을 모두 갖춘 총림이기에 평소에도 상주하는 인원이 상당하다. 그 많은 사람의 공양을 준비하는 것 역시 보통 일은 아니다. 아침마다 죽을 끓이는 건 상대적으로 수월할 것 같지만, 꼭 그렇지도 않다. 죽을 끓이기 위해 범어사 후원에는 죽을 끓이는 커다란 솥이 있었다. 다른 절에는 없는 물건이다. 지금도 있는지 모르겠지만, 그 솥은 꼭 지켜야 한다. 전각이나 불상처럼 드러나 있는 것만이 문화재가 아니다. 범어사의 역사와 문화를 단번에 설명해 주는 물건 역시 문화재라고 해도 과언이 아니다.

음식이라는 존재는 인간이라는 존재와 비슷한 면이 많다. 하나의 음식은 홀로 존재하지 않는다. 한 가지 요리가 발달하면 여기에 어울리는 다른 것이 만들어지고 짝을 이루며 한 상을 완성하는 법이다. 우리의 식탁은 이런 식으로 음식과 음식이 궁합을 이루면서 조화로운 밥상이 된다. 범어사의 흰죽은 필연적으로 장아찌의 발전을 가져왔다. 그래서 범어사에는 다양한 장아찌가 많다. 무, 도라지, 연근, 우엉 등으로 장아찌를 만든다. 각각 서로 다른 뿌리채소지만 맛도 다르고 씹히는 식감도 다르다. 엉겅퀴나 씀바귀의 뿌리, 고들빼기 같은 것도 즐겨 만들던 장아찌의 재료였다.

범어사처럼 승병이 일어나면서 만들어진 음식은 다른 절에도 남아 있다. 해남 대흥사의 경우가 그렇다. 대흥사는 대한불교조계종 제22교구 본사로 대둔사라고도 부른다. 이 절은 정확한 창건 기록이 남아 있지 않아 창건에 대한 설이 분분하다. 하나는 426년 신라의 승려 정관이 만일암이라는 이름으로 창건했다는 일화다. 다른 한 가지는 544년 (진흥왕 5년)에 아도 화상이 창건했다는 이야기다. 또 508년 (무열왕 8년)에 이름을 알 수 없는 비구가 중창했다는 설화도 있다. 이후로는 이렇다고 할 기록이 남아 있지 않고 절의 규모도 그리 크지 않았던 것으로 보인다.

그러던 중 서산대사의 승군이 이 절을 총본영으로 삼았다. 천여 명의 승려가 처영 스님을 중심으로 호남에서 활약하며 혁혁한 전공을 올린 것으로 알려져 있다. 이후 서산대사가 1604년(선조 37) 자신의 의발을 이곳에 전하면서 비로소 대흥사가 크게 일어서기 시작했다고 한다.

왜구의 침략으로 전쟁이 발발하자 선조의 부름을 받은 서산대사는 승병을 일으켰다. 호남의 승병은 열악한 조건에서도 끈끈한 유대감을 바탕으로 활약을 이어갔다. 하지만 난리통에 군량미는 늘 부족했다. 그래서 묘책을 쓴 것이 절 주변에 흔했던 쑥을 함께 넣어 밥을 짓는 것이었다. 그때 지어먹던 쑥밥의 전통은 지금까지 내려오면서 대흥사를 대표하는 음식으로 자리잡았다.

예전에는 오래된 절마다 이런 전통이 있었을 가능성이 높다. 과거에는 교통이 발달하지 않아 지금처럼 지역 간 이동이 쉽지 않았고, 특히 산사라는 특성상 외딴 곳에서 스님들끼리 모여 사는 전통이 있어 특유의 문화가 있었을 것이다. 당연히 그 절만의 음식도 있었을 테지만, 이미 실전된 것이 대부분이리라. 그런 음식 중 하나가 통도사의 세편이다. 세편은 나 역시 먹어 보지 못했다. 단지 과거 통도사에 그런 음식이 있었다는 걸 명허 스님에게 전해 들어서 알 뿐이다.

통도사에 가 보니 세편이라는 떡이 있었다는 건 모두가 다 알고 있었다. 요새는 떡을 절에서 직접 만드는 경우가 없지만, 예전에는 다 절에서 만들었다. 전국에서 떡을 잘 하기로 소문난 곳이 통도사이기도 하다. 떡을 제일 잘 만드는 통도사에서도 제일은 세편이라고 했다. 그러나 어느 순간부터인가 세편을 만드는 방법은 사라져 버렸다. 그 이름만 남아서 지금에 이를 뿐이다.

세편이 어떤 떡인지는 숱하게 들었다. 세편은 매우 투명한 떡인데, 얼마나 투명한지 유리처럼 떡 너머로 상대가 보일 정도였다고 한다. 굉장히 차진 식감을 자랑했다는 이야기만 남았다. 굉장히 궁금했지만 당최 방법을 알 수가 없었다. 인터넷을 찾아보면 세편의 레시피가 나오긴 한다. 이것이 어떤 음식인지에 대한 간략한 소개에 가까운데, 여기서는 세편을 '떡을 찐 후에 투명해질 때까지 오래 찧어서 떡가래를 만들어 얇게 썬 뒤 차가운 꿀물에 띄워 여름철에 먹는다' 정도로 설명하고 있다. 그러나 이는 정확하지 않다. 일단 한번 찐 떡을 투명해질 때까지 오래 찧는다는 부분이 좀처럼 이해하기 어려운 부분이다. 정확한 조리법이 없으니 이것을 두고 누군가가 엉터리로 소개를 해도 걸러내기가 어렵다. 내가 맞다고 하면 잘 모르는 다른 이들은 그게 맞다며 가짜 정보를 사방으로 유통하는 세상이다. 이런 면이 자꾸만 반복되는 것을 보면서 진짜는 찾아보기 힘들고 가짜가 판치는 사회가 되어 가고 있는 건 아닌지 걱정스럽다.

그간 아무런 노력도 하지 않았던 것은 아니다. 이 떡을 복원하기 위해서 여러모로 궁리도 많이 했다. 훗날 사찰의 음식을 세상에 내놓으면서 궁중음식 전문가인 고 황혜성 교수와 인연을 맺게 됐다. 황 교수는 사찰의 여러 음식에 지대한 관심을 보였고, 나는 그의 도움을 여러 번 받았다. 그와 인연을 맺은 후 사라진 통도사의 세편 이야기를 꺼냈고, 수차례 논의를 거듭했다. 둘이 머리를 맞대고 이리저리 고민한 결과 아마도 고사리의 뿌리로 만든 녹말로 빚지 않았겠느냐는 나름의 추정을 해 볼 수 있었다. 그러나 이미 그때는 통도사의 세편을 복원해도 이를 검증할 사람도, 방법도 없었다. 사찰 음식을 찾아다니면 찾아다닐수록 구전의 전통이 아쉽기만 했다.

⋮ 사라진 것들에 대한 아쉬움

만약 후원에서 조리법을 입에서 입으로 전하는 게 아니라 별도의 기록을 남겨두었다면, 지금의 불교문화도 훨씬 더 풍성해지지 않았을까. 통도사는 다른 어디에서도 찾아볼 수 없는 그곳만의 떡을 지금도 만들고 있을 것이다. 더불어 이 떡을 언제 어떻게 만들어서 먹었는지 통도사만의 세

시풍속도 이어지지 않았을까 싶다.

하지만 사라졌다. 참으로 허망한 일이다. 이런 아쉬움은 과연 출가자로서 가지면 안 될 온당치 못한 욕심인 걸까? 그로부터 40년이 지난 지금의 흐름을 생각해 본다면 이걸 욕심이라고만 말할 수 있을까 싶다. 사찰 음식은 한국불교의 귀한 유산이었다. 그나마 통도사의 세편은 그런 음식이 있었다는 이야기라도 들을 수 있었던 경우다. 아예 어떤 음식이 있었는지조차 알 수 없는 게 대부분이다.

특히 승병이 있던 사찰의 경우 범어사나 대흥사와 같이 그에 맞는 전통이 있지 않았을까 조심스레 짐작해 본다. 그중에서도 승병의 활약이 돋보였던 임진왜란 당시의 흔적이 남아 있는 경우가 종종 있는데, 남해 용문사가 대표적이다. 이 절은 화방사, 보리암과 함께 남해의 3대 사찰이라고 불린다. 앵강나무 숲 너머 고즈넉한 골짜기에 자리한 용문사에는 지금도 승병의 식사를 담아 함께 먹던 구시통* 이 남아 있다. 구시통은 구유라고도 부르는 물건이다. 원래 소나 말 따위의 가축이 먹을 먹이를 담아주는 커다란 나무 그릇이다. 굵은 나무통을 가르고 속을 파서 만든다. 동물의 먹이

_____

* 큰 나무그릇인 '구유'의 경남, 전남 지역 방언

를 담던 구시통이 전쟁 중에는 스님들의 발우나 마찬가지였다.

경남 남해는 통영과 여수의 중간에 자리하고 있어 늘 왜구의 침략에 시달리는 지역이었다. 임진왜란 때는 바다를 따라 준동하는 왜적을 막기 위한 최전방이 되기도 했다. 지금까지는 육지에서 활약했던 승병이 많이 알려졌지만, 남해안 일대에는 바다에서 수군으로 전쟁에 참여한 승병도 적지 않았다. 남해에는 이렇게 수군으로 전쟁에 함께한 승병의 이야기나 흔적이 전해 오는데 그중에서도 대표적인 것이 용문사의 구시통이다.

전하는 이야기에 따르면 용문사에는 과거 1천여 명에 달하는 승려가 머무르며 승병의 역할을 했다. 용문사는 원래 802년(애장왕 3년)에 처음 지어졌는데 임진왜란 당시 전화를 피하지 못하고 사라지고 말았다. 1661년(현종 2년) 학진 스님이 인근에 폐사로 남아 있던 보광사의 건물을 옮겨와서 재건했고, 숙종 때 나라를 지키는 절이라는 의미의 수국사로 지정받았다고 전한다.

용문사에 있는 실제 구시통의 크기를 보면 1천여 명의 밥을 한꺼번에 담기에는 작아 보이지만, 여러 번 나누어 공양을 하도록 했다면 충분히 가능해 보이기도 한다. 미루어 짐작하건대, 이 절에는 아마도 범어사나 대흥사처럼 전쟁 당시의 식문화가 남아 있지 않았을까 싶다. 그러나 많은 대중이 함께 생활하고 있는 사찰과는 달리 그 규모가 크지 않은 이 절에는 그 흔적이 남아 있지 않은 상황이다. 적어도 주먹밥 같은 것이 남아 있을 법한데도 말이다.

남해에는 용문사와 같이 승군이 주둔하던 사찰이 또 있다. 과거 남해를 대표하던 큰 사찰인 화방사다. 지금은 화방사가 쌍계사의 말사가 되어 있지만, 1960년대까지만 해도 해인사의 말사였다. 당시 쌍계사를 교구 본사로 새로 지정하면서 하동 인근의 사찰을 말사로 편입시켰다. 그 과정에서 화방사는 쌍계사의 말사가 되었다. 화방사는 1981년 큰 화재로 소실되었는데, 그 이전의 자료를 살펴보면 상당히 규모 있는 사찰이었다. 지금도 물론 여느 절 못지않게 꽤 크지만 과거에는 훨씬 큰 절이었다고 한다.

용문사가 남해의 남쪽 바다를 바라보고 있다면 화방사는 서쪽인 망운산 자락에 자리하고 있다. 예전 이곳에서 생활하던 노스님들의 구술에 따르면 과거 화방사는 남해안을 방비하는 수군의 본영과도 같은 역할을 했다. 용문사와 마찬가지로 화방사 역시 커다란 구시통이 있었다는 것으로 미뤄 볼 때, 이 절에도 대규모의 승병이 머물렀던 것으로 보인다. 그런 과거의 흔적을 알 수 있는 자료나 기록이 별반 남아 있지 않아 조금이라도 더 구체적인 정황을 파악하기 어려운 게 안타깝다. 만약 화방사에 그만큼 많은 승병이 있었다면 이곳 역시 남해의 자연환경을 이용한 독특한 음식 문화가 발달해 있지 않았을까 짐작할 따름이다.

출가 이후 오랫동안 사찰 음식을 채록하고 그 흔적을 찾아다니면서 느낀 것이 있다. 우리는 우리가 가진 것의 소중함을 모른다. 그걸 잃어버리고 나서야 비로소 그것이 얼마나 소중한 것인지를 깨닫는다. 예부터 이어져오는 것을 기록하는 게 중요한 이유가 바로 이런 지점에 있다는 생각이 갈수록 짙어진다.

사찰 음식은 없다

4

자연에 순응한 절집의 맛

: 계절을 담아내는 공양간의 손길

국내 곳곳을 돌아다니다 보면 우리나라의 자연이 참 다채롭다는 걸 깨닫게 된다.

국토는 좁지만, 동서가 다르고 호남과 영남이 다르다. 북한을 배제하고도 이만큼 각양각색이다. 이런 자연 요건은 지역의 절마다 서로 다른 음식의 특징을 빚어내기 마련이다. 식재료의 다양성을 확보하기 어려운 여건이어서 대부분 비슷한 음식인 듯 보이지만, 그 안에서도 각기 다른 음식문화를 만들어냈다. 범어사의 산문을 나선 이후 30년 가까이 전국 각지의 사찰에 머물면서 이런 면모를 피부로 절감했다.

산지 지형인 강원도의 경우는 버섯이나 산채를 이용해서 음식을 만드는 경우가 많다. 워낙 민가가 드물고 산중 깊숙한 곳에서 지내며 대중 생활을 하는 강원도의 절은 주변의 환경을 적극 이용할 수밖에 없다. 평야를 끼고 있는 금산사 같은 곳은 반대로 밭에서 나오는 작물을 이용한 음식이 발달해 있다. 해남이나 여수 같은 곳은 자연스럽게 해조류를 찬으로 만드는 경우가 많다. 가장 독특한 것은 제주도다. 제주도는 다른 지역과는 확연히 다른 독특한 자연환경을 가진 섬이다. 섬 특성상 물자가 풍족하지 못해 밭작물을 많이 먹는다. 바다에서 나오는 재료도 적극적으로 이용하는 편이다. 어떤 재료를 사용하든 조리 과정에서 가장 중요한 것은 가지고 있는 재료를 남김없이 모두 다 사용한다는 점이다. 그렇게 음식을 만드는 과정에서 마음가짐도 중요하고 재료를 가능한 충실하게 사용하기 위한 지혜가 필요하다.

사찰 음식이라고 하면 세간에 없는 특별한 요리를 기대하는 이가 많지만, 실상은 그렇지도 않다. 간혹 "이런 것도 먹느냐"라는 소리를 듣는 재료가 있긴 하다. 그런 재료가 여럿 있지만 아무래도 옥잠화가 대표적이다. 범어사에서는 7월 백중이 되면 옥잠화를 튀김으로 만든다. 그때쯤이면 범어사 주변에는 옥잠화가 하얗게 피어난다. 이 꽃은 여인들의 노리개인 옥비녀를 연상하게 한다고 해서 옥잠화라고 부른다. 향기도 말도 못하게 좋다.

옥잠화튀김은 다른 부위가 아닌 하얀 꽃을 튀긴 것이다. 만개하지 않은 꽃송이를 골라 딴 후에 녹말가루와 밀가루를 같은 분량으로 섞어 만든 튀김옷을 입히는데, 이때 반죽을 얇게 입혀서 바삭한 식감과 꽃의 형태를 살리는 게 비법이다. 지금은 세간에서도 잘 알고 있는 아까시나무 꽃튀김 역시 옥잠화튀김처럼 아까시꽃을 통째 튀겨낸 사찰 음식이었다. 이렇게 튀겨내면 이빨로 깨무는 동시에 부서지는 튀김의 식감과 꽃의 향기를 함께 음미하기에 좋다.

사찰 음식으로 튀김을 소개하면 이에 대한 비판이 따라오는 것을 종종 경험한다. 한국 음식에는 튀김이 없었다든가 기름이 워낙 귀해서 절에서 튀김을 해 먹지 못했을 것이라는 게 비판의 골자다. 맞는 이야기일 가능성이 높다. 아마도 오래전에는 그게 맞았을 듯하다. 그러나 내가 출가해 후원에서 소임을 살 때만 해도 이미 콩기름이 대중화되어 있었다. 그리고 추정컨대 일제 강점기를 지나며 일본 음식의 영향도 많이 받지 않았을까 한다. 그러니까 1960년대 사찰의 후원에는 이미 튀김을 만들어 먹는 문화가 존재했다. 절에서 약과를 만들어 먹었다는 측면을 생각해 봐도 튀기는 문화는 이미 절에 존재했다고 보는 것이 옳겠다. 약과는 기름에 튀겨내는 음식이 아닌가. 아예 해 먹지 않던 음식을 두고 사찰 음식이라고 하면 문제가 될 것이지만, 시대의 변화에 따라 절에서도 튀김을 만들어 먹었으니 이것 역시 사찰 음식이라고 불러도 틀린 것은 아니라고 생각한다. 오래된 전통이 아닐 뿐이지 없던 문화는 아니라는 말이다.

물론 그때도 콩기름이 풍족한 것은 아니었다. 그래서 후원의 행자들은 스님들께 음식을 내고 남은 것을 모아서 비벼 먹을 때 사용하고 남은 콩기름을 참기름 대신 넣어서 먹곤 했다. 지금이야 콩기름을 전을 굽거나 튀길 때 저렴하게 쓸 수 있는 저가의 기름으로 취급하지만, 실상은 그렇지 않았다. 유럽에서는 샐러드의 드레싱으로 콩기름을 쓰기도 한다. 어떻게 사용하느냐에 따라 아주 변화무쌍하게 이용할 수 있는 게 콩기름이다.

: 진귀한 재료의 지혜로운 변신

가을이 되면 절에서 많이 쓰는 식재료 중 하나가 국화다. 화성 용주사에서는 가을이 왔음을 알려주는 음식이 국화전이었다. 국화의 꽃과 잎을 모두 사용해서 전을 부친다. 부위별로 전을 만들어서 담아두면 푸른 국화잎에 보라색, 노란색 국화꽃이 예쁘게 어우러진다. 한데 모아두면 아주 운치 있는 음식이다. 국화의 꽃과 잎에는 독특한 향기가 있다. 이것이 식욕을 돋운다. 전으로 부치고 나면 풍미가 매우 돋보이는데, 이는 국화에 함유된 정유 성분 때문이다. 예쁜 꽃을 보기만 하고 먹어 보지 않은 사람은 알 수 없는 맛이 그 음식에 깃들어 있다. 용주사에서는 국화전을 부치는 시기가 되면 토란튀김과 들깨국수도 즐겨 먹었다. 들깨를 맷돌에 갈아서 만든 국물로 칼국수를 해 먹는데, 고소한 그 맛이 가을의 깊이를 한층 더 깊게 만들어주는 느낌이다.

여주의 신륵사에서도 가을이면 국화로 송편을 만들어

먹는다. 국화 송편은 국화 잎사귀를 송편에 얹어 전을 부친 후에 조청이나 꿀에 재웠다가 싸 먹는 음식이다. 안에 넣는 소는 밤을 사용했다. 국화의 이파리는 달큰하면서도 살짝기 매운맛이 돌아 입맛을 올려준다. 송편을 빚는 쌀가루에는 쑥도 함께 넣어서 향긋한 내음을 살렸다. 여기에 꿀이나 물엿, 조청이 더해지니 가을의 진미나 다름없다. 식재료가 귀한 산사는 세속에서 잘 사용하지 않는 꽃을 음식으로 만드는 경우가 왕왕 있는데, 늦여름에 피어나는 작약도 그중 하나다. 신륵사의 작약꽃튀김은 한 번쯤 먹어봐야 할 별미였다. 다만 튀길 때 꽃송이의 색이 갈색으로 변하지 않도록 너무 오래 튀기지 않는 게 중요하다. 이걸 잘 조절하는 것이 아주 힘들었던 기억이 난다.

여름의 해인사에서는 경내에 있는 산동백나무를 식재료로 종종 이용했다. 산동백나무는 생강나무라고도 부른다. 근래에는 생강나무꽃으로 차를 만들어 먹기도 하지만, 그때만 해도 이런 모습이 그리 일반적인 것은 아니었다.

여름철이면 산동백나무의 잎사귀를 따서 살짝 쪄낸다. 이 이파리의 뒷면에 찹쌀풀을 발라 햇빛에 바짝 말려두었다가 튀기면 산동백튀각이 된다. 사찰에서는 워낙 튀각을

사찰 음식은 없다

많이 해 먹고 여러 종류의 튀각이 발달해 있지만, 해인사의 산동백튀각은 그중에서도 일품이라 할 만하다.

상추는 누구나 사시사철 즐겨 먹는 채소다. 상추에는 '천금채(千金菜)'라는 별칭이 있다는 걸 아는 사람은 많지 않을 것이다. 그만큼 맛이 좋다는 의미가 담겨 있는 이름이다. 보통 이파리만 따고 줄기는 위로 올라가게끔 키워서 나중에는 방치하는 게 일반적이다. 그러나 가능한 버리는 것 없이 재료의 모든 것을 사용하는 사찰의 음식문화에서는 상추의 줄기, 즉 상추의 대도 즐겨 먹는다. 상추대는 상추불뚝이라고도 부르는데, 사찰에서는 이것의 껍질을 벗기고 칼 등으로 두드려 식감을 부드럽게 만든 후 재료로 쓴다. 겉절이, 물김치도 만들어 먹지만, 해인사의 별미는 그중에서도 상추불뚝전이다. 고추장과 된장을 섞어 만든 반죽이 더위에 지친 입맛을 당긴다.

구례 화엄사는 지리산 자락에서 나는 온갖 산채와 열매, 꽃으로 음식을 만들어 먹는 사찰이다. 아까시꽃튀김도 화엄사에서 배웠다. 이곳에서 배운 상수리잎쌈밥은 떫은 성분을 잘 활용해 독특한 맛으로 구현한 지혜의 결과물이라 할 수 있다. 상수리의 열매는 도토리와 비슷하지만 조금 더 크고 둥근 편이다. 이 열매를 섭취하는 방법은 도토리와 동일하게 가루를 내어 쓴다. 찹쌀과 멥쌀을 비율대로 섞고 밤과 팥, 상수리 열매 가루 등을 넣어서 고슬고슬하게 밥을 짓고 나면 꿀물과 소금으로 간을 맞추고 상수리잎에 넣어 돌돌 말아낸다. 이것을 다시 솥에서 쪄내면 완성이다. 흔히 먹지 않는 상수리의 이파리를 식재료로 활용해서 만든 훌륭한 먹거리다.

여수의 향일암은 과거 영구암이라는 이름으로 더 많이 불렸다. '향일'이라는 단어가 일제 강점기에 일제가 '일본을 향한다'라는 의미로 붙인 명칭이라는 말이 돌면서 자제하는 분위기였기 때문이다. 그래서 경봉 스님은 이 암자에 '영구암'이라는 이름을 붙이고 대웅전의 현판도 직접 쓰기까지 했다. 이 절은 아름다운 남해가 내려다보이는 멋진 금오산 중턱에 앉아 있다. 워낙 바다가 가까운 데다 이 인근은 척박한 편이어서 질 좋은 식재료를 수급하는 것이 쉽지 않았다.

바다에서 건진 김, 미역, 톳 같은 해조류를 활용한 음식이 발달한 것은 그 때문이다. 요즘에는 도시에서도 간간이 구할 수 있는 파래김치는 예전에만 해도 쉬이 접할 수 있는 것이 아니었다. 파래를 씻어 간을 하고 부뚜막에서 삭혀 제 맛을 끌어올리는 식으로 만드는데, 부뚜막이 없는 요즘의 부엌에서는 상상하기 어려운 조리 방식일지도 모르겠다. 요오드가 풍부한 해조류인 뜸부기를 넣고 된장과 들깨가 루를 풀어서 끓이는 뜸부기국도 향일암에서 즐겨 먹는 음식이었다. 향일암에서 찾은 또 한 가지 독특한 음식은 난초로 만드는 숙회다. 우리나라의 바닷가에서 흔히 볼 수 있는 춘란을 재료로 쓰는데, 이른 봄 녹황색의 꽃대가 올라오면 이를 꺾어서 연한 소금물에 살짝 데쳐낸다. 춘란의 꽃대는 달콤한 맛이 있어 봄날 잃어버린 입맛을 되찾는 데 좋다. 데친 꽃대는 된장에 잣을 넣고 섞어 찍어 먹기도 하고 버무려서 먹기도 한다. 난초는 단아한 그 매무새를 보기만 하는 줄 알지 먹기도 한다는 걸 아는 사람은 드물다.

향일암에서 멀지 않은 곳에는 흥국사가 있다. 이 절에는 제고물떡과 팥방망이떡이 유명했다. 사실 이 두 가지 떡은 송광사가 아주 유명하다. 송광사에서 시작했지만 여수 흥국사에서 많이 해 먹었던 떡인 셈이다. 제고물떡은 찹쌀과 멥쌀로 만드는데, 특별한 재료가 필요치 않아 소박한 꾸

밈새를 하고 있다. 가장 중요한 재료는 가루를 곱게 빻는 정성이다. 요즘 시중에 파는 과자에서는 느낄 수 없는 감칠맛이 아주 매력적이다. 팥방망이떡은 보기부터 투박하다. 모양새부터 방망이를 닮았다. 그 겉을 빨간 팥이 둘러싸고 있다. 이런 겉모습은 여느 떡과는 확연히 다르다. 보기에 따라서는 우스꽝스럽기까지 하다. 두 가지 떡은 사찰에서 해 먹던 것이었지만 이제는 민가에서도 많이 해 먹는다. 심지어 여수의 민속음식으로 자리 잡아 찾는 이가 꽤 많아졌다.

　

⋮ 각자의 맛이 살아 있는 사찰 음식들

여수 이야기가 나왔으니 흥국사 이야기를 더 하지 않을 수 없다. 여수 지역에서는 예전부터 산초가 많았고, 그래서 매우 즐겨 먹었다. 흥국사도 산초를 이용한 요리를 많이 했는데, 흥국사가 있는 영취산 구석구석에는 크기가 3미터에 달하는 산초나무가 자라고 있기도 하다. 그만큼 흔한 재료고, 그만큼 음식에 자주 사용했다. 봄에 막 피어나는 산초싹을 거두어 된장과 고추장으로 간을 해서 부침개로 부친 산초잎장떡. 첫입부터 산초 특유의 향과 제법 묵직한 존재감이 입 안을 물들인다. 산초잎을 넣은 된장국도 흥국사의 단골 메뉴였다. 짭짤한 맛의 막장을 넣어서 간을 하고 산초잎을 더해 완성한 국은 밥맛을 든든하게 뒷받침해 주었다.

하동의 쌍계사는 야생 녹차로 명성이 자자한 곳이다. 그만큼 차를 활용한 음식도 아주 발달했다. 다른 절에서는 떡을 만들 때 쑥을 많이 쓴다. 그런데 쌍계사에서는 곡우 즈음에 차 이파리를 따서 찹쌀과 함께 절구에 넣어 찧는다. 이때 데치거나 익히지 않은 잎을 넣는다. 이렇게 하면 찻잎이 가지고 있는 고유의 향이 살아나기 때문이다. 데치거나 익히면 차의 향의 날아가 버린다. 색깔도 그다지 예쁘지 않다. 찻잎을 이용해서 떡을 만들면 부가적인 효과를 기대할 수 있다는 점도 장점이다. 찹쌀떡을 만들어서 오래 두면 딱딱해지기 마련이다. 하지만 찻잎이 들어가면 쉬이 굳지 않는다. 직접 만들어보지 않으면 알 수 없는 찻잎의 신비한 효능이다. 곡우 즈음에 새로 올라온 차의 순은 매우 보드라워서 나물로 만들어 먹기도 좋다. 찻잎의 고소한 맛을 아는 스님들은 별도의 조리 없이 흐르는 물에 깨끗이 씻어서 고추장에 찍어 먹기도 했다. 개인적으로는 그렇게 연한 차의 새순을 고추장에 찍어 먹는 그 맛이 가장 맛있었던 것으로 기억한다.

이렇게 절마다의 특색이 넘치는 음식도 있지만 일상에서 주어진 여건을 잘 활용하는 것도 스님들이 갖춰야 할 소양이었다. 큰 절은 정초부터 보름까지 끊임없이 기도를 이어갔다. 그때는 백중과 더불어서 신도들이 가장 많이 찾아오는 시기다. 새해를 맞아 기도를 하고자 하는 마음은 신도들의 발길을 인근의 사찰로 이끌었다. 이때가 되면 절에서는 5명이나 7명씩 조를 나누었다. 한 사람이 기도를 하고 나면 그 다음 사람이 이어서 또 기도를 하는 식으로 밤새도록 릴레이가 이어졌다. 보름쯤 밤낮으로 기도를 이어가다 보면 기도를 하러 오는 신도가 불단에 올려두는 공양물도 엄청나게 많았다. 요새는 현미를 그대로 올리는 경우도 많아졌지만, 예전에는 각자 집에서 밥을 지어다가 가지고 와서 올렸다. 그 양이 너무 많았다. 절에 상주하고 있는 스님들이 도저히 다 소화할 수 없을 정도의 분량이었다. 그래서 만든 게 솔잎식혜다.

항아리에 솔잎을 깔아두고 밥을 올린 뒤 그 위에 다시 솔잎을 깐다. 이렇게 켜켜이 밥과 솔잎을 넣어서 잘 저장해두면 그 안에서 자연히 발효가 일어나게 된다. 일정 시간이

사찰 음식은 없다

지나면 솔잎을 걷어내고 끓이는데, 이것이 솔잎식혜다. 보름 동안 목이 쉬도록 기도를 이어가던 스님들에게 솔잎식혜는 한겨울 아주 고마운 음료가 됐다.

사찰 음식 중에 가장 잘 알려진 것 중 하나가 송차다. 일전에 송차 만드는 법을 보고 깜짝 놀랐던 적이 있다. 사찰 음식으로 유명한 스님의 레시피였는데, 그 스님은 솔잎을 마구 뚝뚝 분질러서 설탕을 넣고 재웠다 먹는다고 적어 두었다. 그러나 오래전 내가 배운 송차는 그렇지 않았다. 송차 중에서도 최고로 치는 건 해인사의 송차다. 해인사에서는 소나무 중에서도 아주 좋은 육송의 솔잎만을 사용했다. 잣나무의 이파리도 사용하지 않았다. 솔잎을 채취할 때는 송편할 때 쓰듯이 끄트머리의 검은 티가 없도록 일일이 뽑아서 깨끗하게 씻는다. 이것을 생강과 배를 이용해서 시루떡 앉히듯 차곡차곡 쌓는다. 이때 솔잎을 많이 넣고 그 위에 생강을 올리고 다시 솔잎을 깔고 그 다음에는 배를 올리는 식으로 하는 게 좋다. 그러고는 솔잎이 발효되는 과정에서 물이 잘 나올 수 있도록 위를 무거운 돌 같은 것으로 눌러둔다. 4개월쯤 두면 이 안에서 발효가 일어나고 그대로 송차가 완성된다. 인위적인 단맛과 물을 가미하는 것이 아니라 자연의 재료에서 수분을 뽑아 만드는 게 예전 송차를 만드는 방법이었다. 이렇게 만든 송차는 별도로 물을 섞지 않고 그대로 마시는데 기가 막힐 만큼 솔잎의 향이 진하게 느껴진다.

　　이렇듯 사찰의 음식문화는 오랫동안 그 지역의 특성에 맞춰 각기 다른 맛의 진화를 이루어왔다. 이는 지역의 음식문화를 보여주는 단면이기도 하고 맥이 끊어져가는 지역색을 지킨 방주이기도 했다. 출가 이후 지금까지 수십 년에 걸쳐 이곳저곳을 찾아다니며 채록해 온 스무 곳 넘는 사찰의 음식문화가 이제는 차례차례 사라져가는 것 같다. 어디에 무엇이 있었는지, 어떤 음식을 만들어 왔는지 그 찬란했던 전통이 무너지고 있는 건 아닌지. 일평생 사찰 음식의 가치를 전하고 불교의 음식문화를 널리 알리고자 했지만, 그런 흐름을 막지 못한 것 같아 아쉽다. 마음이 아프다.

5

사라진 북한 사찰 음식의 부활

: 묘향산 보현사의 산문이 열린 날

6·25 전쟁으로 온 국토가 망가지고 분단된 이후 70여 년의 세월이 흘렀다. 하나의 땅덩어리, 하나의 문화는 둘로 나뉘어 그 긴 시간 각자의 흐름을 보내야 했다. 그렇다고 전혀 다른 문화권이 됐을까? 아니다. 많은 변화가 있을지언정 뿌리는 아직 그대로일 것이다. 그 뿌리는 북이나 남이나 같은 것이다. 사찰 음식 이야기를 하면서 이북의 사찰 음식문

화도 함께 고민해야 하는 건 그런 이유에서다.

생각해 보자. 사찰 음식이 세간의 관심을 받은 이래 대체로 남쪽 사찰의 음식을 생각하는 경향이 강했던 게 사실이다. 우리는 자연스럽게 사찰 음식은 휴전선 이남의 사찰에서 전승되어 온 음식문화라고 받아들이지 않았던가? 이북의 사찰에서는 어떤 음식을 어떻게 만들어 먹었는지 이야기하는 경우는 좀처럼 없었다. 북한에도 사찰 음식문화가 있다는 관심을 환기하게 된 건 2009년, 나의 책《북한의 사찰 음식》이 나오면서부터였다. 그때부터 사람들은 북한에도 사찰이 있었음을 떠올렸고, 그네들의 사찰 음식은 어떤 것이었는지를 궁금해했다. 그러나 70년이라는 시간이 흐른 지금, 그 질문에 답을 줄 수 있는 사람은 별로 없다.

나 역시 북한의 사찰 음식은 잘 모른다. 더 정확히는 경험해 보지 않았으니 알지 못한다. 그러나 어떤 음식이 있었는지, 어떻게 만들었는지는 알고 있다. 이것 역시 그간 사찰 음식의 조리법을 채록해 오면서 얻은 결과다. 사실 북한의 사찰에서 해 먹던 음식은 출가 후 범어사 후원에서 소임을 살 때 알게 됐다. 나에게 예전 후원의 문화를 가르쳐주고 옛 음식의 조리법을 기록할 수 있도록 해 주신 명허 스님 덕분이다. 스님은 사찰 음식에 관한 여러 가지를 알려주면서 북한의 사찰에 대해서도 말씀해 주셨다. 그러니까 귀동냥으로 북한의 사찰 음식을 배운 셈이다.

명허 스님은 분단 이전 금강산과 묘향산 등지를 다니며 수행을 하셨던 분이었다. 그때 팔도의 사찰을 다니며 공부하신 덕에 북한의 사찰 음식에 대해 비교적 상세히 기억하고 계셨다. 그때 스님은 당신이 나름대로 이곳저곳의 음식 문화가 어떻게 다른지를 구분하셨으니 아주 깨어 있는 분이라고 할 수 있겠다. 당시 스님이 들려주셨던 북한 사찰의 음식은 '슴슴하고 담백한 맛'이 특징이었다. 남쪽 사찰에 비해 양념을 거의 쓰지 않아 재료가 가지고 있는 본연의 맛을 잘 살린 유형이라고 하셨다. 그리고 당신이 기억하고 있는 여러 음식을 알려주셨고, 이 역시 직접 재현해 보고 맛을 되살려서 스님의 검증을 받아 조리법을 기록해 두었다. 그러나 그 기록을 2000년대 초반까지 40여 년간 공개하지 않았던 데에는 이유가 있었다. 북쪽에 가본 적도 없으니 실물을 먹어본 적이 없고, 그러니 온전한 맛을 알지도 못하면서 세상에 소개한다는 것이 비현실적이라고 판단해서였다. 그렇게 북한 사찰의 음식들은 오랫동안 나의 '비밀 노트'로만 남아 있었다.

그러던 중에 일생일대의 기회가 2007년 5월에 찾아왔다. 남북 관계가 화해 무드를 조성하면서 금강산이 열리고 개성공단이 만들어지면서 남북의 종교인도 교류가 가능해졌다. 남쪽의 종교인 40명이 초대를 받아 평양을 방문하게 됐는데, 그 자리에 운 좋게도 참석할 수 있는 행운을 얻었다. 그때 머릿속을 스친 건 명허 스님께 전해 받은 북한 사찰의 음식을 검증할 기회가 찾아왔다는 생각이었다. 평양에서 머무르는 시간은 일주일. 그 사이에 어떻게든 방법을 찾아야 한다는 일념이 생겼다. 서울을 떠나기 전날 오래도록 간직해 왔던 기록을 꼼꼼하게 챙겼다. 이번 기회를 놓치면 언제 다시 북을 가게 될지 알 수 없는 상황이었다. 설레는 마음이 몸과 마음을 가득 메운 채로 그렇게 철책을 넘어 금지됐던 땅으로 향하는 날을 맞았다.

북은 예상보다 훨씬 가까웠다. 남쪽의 끝을 넘어 북쪽의 끝으로 들어가는 데까지는 불과 한 시간이 채 걸리지 않은 듯했다. 그리고 다시 한 시간쯤 흘렀을 때 우리는 이미 묘향산 입구로 들어서고 있었다. 말로만 듣고 글로만 읽었던 묘향산은 산세가 기묘하고 수려했다. 버스의 차창 너머로 쭉쭉 뻗어 자란 노송이 눈앞으로 한가득 다가오는 듯했다. 진경산수화를 보는 듯 가까운 산은 진면모를 드러내고 첩첩이 늘어선 먼 산은 아스라한 안개처럼 흔들렸다. 서산대사가 남긴 말씀이 떠오르는 순간이었다.

지리산은 웅장하나 빼어남이 없고, 금강산은 빼어났으나 웅장함이 없다. 그러나 묘향산은 웅장함과 빼어남을 두루 갖춘 산이로다

그 말씀에 절로 고개가 끄덕여졌다. 묘향산은 분명 다른 어떤 산에서도 느끼지 못했던 기운이 서려 있었다.

행사가 시작되고 곧바로 생각했던 바를 실천에 옮기기로 했다. 일주일이라는 시간은 결코 길지 않다. 북쪽의 행사 관계자를 통해 북쪽의 사찰 세 군데만 들어갈 수 있도록 해달라고 부탁했다. 그들은 완강하게 거절했다. 그렇다고 포기할 수는 없었다. 북한의 사찰 음식을 확인할 일생일대의 기회를 이렇게 보낼 수는 없었다. 그네들에게 저간의 사정을 설명했다. 가지고 온 명허 스님의 자료를 일일이 보여주

고 내가 쓴 사찰 음식 서적을 나누어주며 간청했다. 이번 방문의 중요성을 강조하고 또 강조했다. 한참을 고민하던 북쪽 관계자가 당에 건의해 보겠다고 했다. 장담할 수는 없다고 했다. 그리고 얼마의 시간이 흘렀을까. 기적적으로 묘향산의 보현사를 방문할 수 있도록 하라는 승인이 떨어졌다. 계획에 없던 일이니 그들도 당황스러웠을게다. 그럼에도 내가 하고자 하는 일의 무게를 그들도 공감해 주었기에 가능한 일이었으리라.

그렇게 묘향산 보현사의 산문이 내게 열렸다.

: 이북 최고의 사찰 보현사의 옛 모습

보현사로 들어섰다. 일주문 앞으로 보현사의 스님 네 분이 마중을 나왔다. 경내로 들어서니 내 눈에 들어오는 건 절의 분위기였다. 이것은 오래전 사찰의 모습을 본 적이 있는 사람만 알 수 있는 모습이다. 지금 남쪽의 사찰은 너나할 것 없이 중창불사를 진행하면서 절다운 풍모를 잃어버리고 있다. 번듯하고 깨끗하게 단장하는 것은 좋지만, 아스팔트나 시멘트로 포장한 차도와 여기저기 들어선 부속건

물로 인해 고즈넉한 산사의 면모가 많이 지워져 버렸다. 반면 북쪽은 옛 사찰만이 가지고 있는 면면 그대로 남아 있었다. 단청도 예전 그대로였다. 그 모습이 더 낡지 않도록 기름을 바르는 식으로 보존하고 있다고 했다. 절 마당도 처음 절을 지었을 때의 풍경이 고스란히 있었다. 마치 21세기에 타임머신을 타고 다시 만난 20세기 중반의 절처럼. 절이 절다운 그 분위기란. 아름다웠다.

보현사에는 17명의 스님이 있다고 했다. 남한에서 스님이 온다는 소식에 모두가 나와서 인사를 나누었다. 절의 주지 스님은 청운이라는 법명의 노스님이었다. 스물다섯이라는 나이에 출가해 보현사의 스님이 됐고, 그 뒤로 줄곧 이곳에 머물렀다고 했다. 당시 그의 세납은 일흔둘이었다. 평생 보현사를 지킨 보현사의 역사나 마찬가지였다. 청운 스님에게 물었다.

"남쪽의 절에는 와 보신 적이 있습니까?"

"내레 스물다섯이 되던 해에 중이 됐는데 바로 륙이오가 났지요. 나도 전쟁에 나가 싸우느라 바빴습니다. 전쟁이 끝나자마자 삼팔선이 그려지고 그 뒤로는 남쪽을 가 볼 기회가 없었습니다."

청운 스님에 따르면 전쟁 전까지는 보현사에 상주하는 스님이 아주 많았다고 한다. 묘향산의 보현사는 해인사보다 더 많은 스님이 살았다고 하는 곳이다. 청운 스님은 예전 기억을 더듬으며 그 시절 보현사의 이야기를 들려주었다. 늘 염불 소리와 목탁 소리가 끊이지 않았고 절 입구에 들어서면 디딜방아 찧는 소리가 연신 들리던 곳이었다고. 후원에는 음식을 만드는 행자들의 발걸음으로 정신없이 바빴단다. 내가 머물렀던 그 예전의 해인사 후원이 자연스레 떠올랐다. 스님에게 내가 기록해 두었던 북한 사찰 음식 자료를 보여주었다. 스님은 이런 것이 소싯적에는 분명히 있었다고 했다. 그러나 지금은 스님의 생활상이 옛날과는 많이 달라졌다고 설명했다. 지금은 17명의 스님 모두가 출퇴근을 한다고 했다. 잠시 보며 느끼기에 절에서 생활하는 것은 맞는 듯했으나 24시간 절의 일과에 따라 사는 우리와 달리 출퇴근의 개념으로 일상을 보내는 게 아닌가 싶었다. 그래서 예전의 음식문화를 알고 있지만 이제는 그렇게 해먹지 못한다고 덧붙였다. 북쪽의 변화를 읽을 수 있는 부분이었다.

남북이 화해 무드를 이루면서 당시에는 북쪽의 사찰을

사찰 음식은 없다

다녀온 사람이 몇 있었다. 그네들의 이야기를 들어보면 북쪽의 스님은 출가자의 신분보다는 직장인의 개념에 가깝다고 하는데, 그게 어떤 의미인지 알 것도 같았다. 그렇다고 알려진 것처럼 외관에서 우리와 큰 차이를 보이지는 않았다. 다른 절이 어떤지는 알 수 없으나 적어도 보현사만큼은 출가자의 외관을 유지하고 있었다. 삭발염의한 채로 지내는 게 맞는 듯했다. 그들도 남쪽의 불교를 궁금해하는 건 마찬가지였다. 당신들과 같은 모습인지, 어떻게 사는지 많은 질문을 주었다. 서로가 70년의 세월을 넘어서 같은 문화를 공유하고 있음을 확인할 수 있는 시간이었다.

⋮ 같은 듯 다른 이북의 맛

주어진 시간이 많지 않으니 북한의 사찰 음식을 직접 경험해 보기로 했다. 북쪽의 스님들이 가지고 있는 재료로 몇 가지 요리를 해 주었다. 북쪽의 재료는 남쪽과 차이가 있었다. 그네는 감자, 옥수수, 메밀, 수수, 콩, 녹두, 고구마, 버섯 등을 많이 사용한다고 했다. 예부터 그랬고, 지금도 이런 게 주를 차지하는 상황이었다. 재래종 감인 고욤도 즐겨 사용하는 식자재였다.

　만드는 방식은 크게 다르지 않았다. 다만 감자 두릅밥처럼 밥을 볶다가 짓는 독특한 방식도 확인할 수는 있었다. 국수를 만들 때는 밀가루 대신 메밀을 많이 쓰고 옥수수, 감자, 수수, 콩 같은 것을 많이 섞어 쓴다고 했다.

　미리 계획된 상황이 아닌 만큼 그날은 가지고 있는 재료를 써서 음식을 할 수밖에 없었다. 북쪽 스님들은 취나물무침, 참나물과 무를 곱게 썰어서 만든 물김치, 메밀가루를 넣어서 부친 두릅전 등을 해 주었다. 이 중 참나물을 넣어서 만든 물김치는 남쪽의 미나리를 넣은 것과 비슷한 느낌이었다. 능이버섯을 넣은 들깨탕도 내 주었는데, 남쪽에서 표고버섯을 쓴다면 북쪽에서는 귀한 능이를 쓴다는 게 달랐다. 들깨탕의 정체성은 우리와 같았다. 비슷한 맛과 식감이었다. 능이버섯 장아찌를 찬으로 올렸는데, 이것이 특이했다. 장아찌에 산초열매를 넣어서 만들었다. 산초는 열매 자체로 향이 진하다. 능이버섯도 향이 진해서 함께 넣어 요리로 만드는 경우는 흔하지 않다. 그런데 북에서는 향이 진한 두 가지를 섞어서 아주 묘한 맛을 만들어냈다. 대체로 음식의 맛은 명허 스님이 말씀해 주셨던 맛 그대로였다. 이북의 음식은 양념이 많이 들어가지 않았다.

이북 음식의 이런 면은 북에 방문하기 이전에 이미 경험했던 바가 있어서 어느 정도 알고 있었다. 강릉에 있는 절에 머물던 당시 이북 출신 보살님들이 가지고 온 음식이 딱 이런 식이었다. 양념의 맛이 거의 느껴지지 않고 재료가 가지고 있는 맛과 향을 최대한 끌어내는 방식. 간이 센 음식에 익숙한 우리가 느끼기에는 심심하다고 느낄 만큼 간이 약하다. 어쩌면 지난 70년 동안 남쪽의 음식은 간이 점점 더세지고 음식에 첨가되는 맛과 향이 더 강해졌을지도 모른다. 여러 음식 전문가들은 남북이 갈라진 이후 남쪽의 음식은 급격한 변화를 겪었고, 지역색이 강했던 맛도 무시할 수 없는 수준으로 통일되고 있다고 연구 결과를 내놓고 있다. 반면에 통제된 사회인 북쪽은 시간이 오래 흘렀음에도 아직 예전의 맛을 그대로 지키고 있다는 생각이 들었다.

북쪽 스님들을 위해 나도 남쪽 사찰의 음식을 몇 가지 만들어 보았다. 그쪽의 재료는 한정돼 있으니 있는 것을 활용해서 최대한 정성을 다했다. 내가 준비한 것은 표고버섯조림, 표고버섯들깨탕, 배추전이었다. 보현사 스님들은 내음식을 먹어 보고는 맛있다는 평을 내놓았다. 특별한 재료가 있는 것은 아니었지만 양념을 더하고 간을 맞추는 방식이 북쪽과 달랐으니 분명 그들도 남쪽 음식이 가진 특징을 여실히 느꼈을 것이다.

　목표로 했던 게 있던 터라 북쪽 사찰의 음식을 더 많이 경험해 보고 싶었지만 그럴 수는 없었다. 북쪽 음식의 특징인 구황작물을 이용한 요리를 더 확인하고 싶어도 재료가 준비되어 있지 않으니 그건 불가능했다. 대신 내가 채록해 두었던 자료를 꺼내서 보현사의 어른인 청운 스님에게 보여주었다. 그가 기억하고 있는 음식이 맞는지, 만드는 방식이 맞는지를 검증하고 싶었다. 청운 스님은 내가 가지고 간 자료를 꼼꼼히 둘러보고 모두 북쪽에서 사용하고 있는 조리 방식이 맞다는 걸 확인해 주었다. 예전 그 방식 그대로 온전히 기록되어 있다고 했다. 비로소 오랫동안 해결하지 못한 숙제를 해낸 기분이었다. 이제는 자신 있게 북한의 사찰 음식을 이야기할 수 있게 되었으니 더는 주저할 것이 없었다.

　북쪽에서도 이미 예전처럼 후원의 문화를 지키고 있지 못하는 이상, 내가 가지고 있는 북한 사찰의 음식 자료는 그 가치가 매우 클 수밖에 없었다. 우리는 언제가 되었든 반드시 통일을 이루어야 한다. 그때 나의 자료는 북쪽의 사찰 음식을 복원하는 데 큰 도움이 될 것이라 믿는다. 이것은 끊어진 북쪽의 사찰 음식문화를 부활시키기 위한 중요한 씨앗이 될 것이다. 이 자료를 소중히 간직하고 한 번이라도 더 세상에 내놓아 기록으로 남기는 것은 그 의미가 매우 크다. 다만 아쉬운 것은 더 많은 북쪽의 사찰을 가 보지 못했고 더 많은 북쪽의 사찰 음식을 접하지 못했다는 점이다. 당초 가능하다면 세 군데의 사찰을 방문해 보고자 했지만, 이는 뜻한 대로 되지 않았다. 그러나 충분히 이해할 수 있는 일이다. 묘향산의 명찰 보현사의 산문이 열린 것만으로도 기적 같은 일이다. 그로 인해 북한 사찰의 음식을 검증할 수 있었다. 내가 가지고 있는 명허 스님의 유산이 언젠가 꼭 빛을 발하기를 바란다. 오래전 내가 선택했던 나의 길은 그 당시에는 인정받지 못했고, 결국 종단을 떠나는 결과로 이어졌다. 그러나 시간이 지나면서 사찰 음식이 가진 가치는 결국 세상의 인정을 받고 있다. 이와 같이 북한 사찰 음식의 자료들 역시 언젠가는 빛을 보게 되리라 믿는다. 그날이 빨리 오기를 기다리고 또 기다린다.

제3장

음식을 대하는
정신

1

먹는다는 행위,
식탐이라는 욕망

: 중생의 타락을 야기한 '음식' 1

불교에서 음식은 주로 계율의 측면에서 다룬다. 선의
전통을 따르고 있는 한국불교에서는 특히 엄중한 계율의
관점에서 음식을 바라본다. 계율은 출가자라면 반드시 지
켜야 하는 규칙이다. 보통 계율을 하나의 개념으로 생각하
는 사람이 많지만, 실은 계와 율은 서로 다르다. 계는 개인
이 지켜야 할 원칙, 율은 공동체를 유지하기 위해 정해 놓은

규범이다. 잘 알려진 오신채를 비롯해 많은 금기사항이 계율로 정해져 있다. 매우 까다로운 그 원칙들을 생각해 보면 음식을 계율의 관점에서 주로 바라보는 시각은 어쩌면 당연한 일일지도 모른다. 보기에 따라 불교와 음식은 계율의 관점에서 다뤄야 할 존재 그 이상도 이하도 아닌 것처럼 느껴진다. 이보다는 모든 불자가 반드시 해야 할 행위인 '수행'을 훨씬 중요하게 생각한다.

그러나 불교와 음식은 알려진 것보다 훨씬 밀접한 관계가 있다. 초기 불교로 거슬러 올라가 보면 음식은 불교의 세계관에서 빼놓을 수 없는 존재다. 이 부분은 영국 런던대 킹스빌리지에서 공부한 공만식 박사(동방문화대학원대학교 대우교수)의 저서 《불교음식학–음식과 욕망》에 잘 정리돼 있다. 이 책은 그의 박사학위 논문을 한국어로 바꾸어 발간한 결과물이다. 불교와 음식 사이의 관계 서술은 공 교수의 저서를 참고했음을 미리 밝히는 바이다.

불교라는 종교에 대해서 사람들이 가장 궁금한 것 중의 하나는 불교의 세계관이다. 세상이 어떻게 생겨났는지, 어떻게 구성되어 있다고 이야기하는지를 알고 싶어 한다. 이와 관련해서 참고할 만한 경전이 초기경전인 빨리어 대장경이다. 흔히 '니까야'라고 부르는 이 경전은 그 종류가 여럿이다. 그중 디가 니까야의《아간냐경》은 우리가 살고 있는 공간적 세계와 기원을 설명한다. 불교의 세계관에서는 중생이 살고 있는 세계를 세 단계로 나눈다. 이는 마치 천국과 지옥처럼 수직적 구조로 이루어져 있다. 첫 번째는 욕계다. 욕망에 가득 찬 세계를 일컫는데, 욕망에 가득 찬 우리는 대다수가 욕계에서 살고 있다. 그 위는 색계다. 여기서 색(色)은 물질적인 것, 우리의 몸뚱이를 의미한다. 수행으로 욕망에 대한 집착을 극복했지만, 육체와 의식에서 아직 자유롭지 못한 상태는 색계에 머무르는 것이다. 중생의 세계에서 가장 위의 세계가 육체에 대한 집착마저 극복한 무색계다. 청정하고 고귀한 정신을 가지게 됐지만, 아직은 여기에 속해 있는 이들 역시 중생계에서 벗어나지 못했다. 욕계에서 무색계까지, 가장 아래 단계에서 위로 올라가기 위해서는 욕망을 버리고 청정한 심신을 만들어야 한다. 이를 위한 방법이 수행이다.

무색계에 들어도 다시 네 가지의 단계가 있는데, 선정수행이 거듭되면서 깨닫기 직전 단계까지 나아갈 수 있다. 그 경계를 넘어서면 비로소 아라한으로 들어서게 된다. 다시 말해 깨달음을 얻기 전까지는 중생이고, 중생이 사는 세

사찰 음식은 없다

계는 크게 욕계, 색계, 무색계로 분류한다.

색계에 머무르던 태초의 중생들은 언제든 탐욕에 휩싸일 수 있는 존재였다. 논서에 따라 내용의 차이가 있지만 《아비달마구사론》에서는 그들이 희열과 즐거움을 먹고 살았다고 적어 두었다. 그것은 온몸으로 흡수되어 생명의 에너지가 되었지만 배설할 것이 없었다. 배설이 필요하지 않은 존재였기에 배설기관도 없었다. 세계의 생성은 신비롭다. 태초에 중생이 생겨났던 것처럼 지미(地味)라는 것이 자연적으로 생겨났다. 무색계의 중생 중 호기심 많고 탐욕에 취약한 누군가가 그것을 맛보고 반해 버리게 된다. 이 과정을 비교적 상세하게 경전에서 묘사하고 있다. 지미는 물 위에서 퍼져 나갔으며 색깔과 향과 맛이 있었다. 달콤한 기(Ghee, 인도 요리에 사용하는 버터)버터와 비슷하지만 맛은 맑은 꿀과 같았다. 이것을 손가락으로 찍어 맛을 본 누군가가 있었고, 그는 그 순간 즐거운 느낌이 들었고 욕망이 생겨난다. 그를 따라 다른 중생들도 지미의 맛을 보았고 그렇게 욕망은 순식간에 모두를 물들이고 만다.

맛을 보았을 뿐인데 왜 욕망이 생겨난 것일까?

여기에 대한 풀이는 후대의 논서에 등장한다. 초기 불교의 시대가 지나고 부처님이 남긴 모든 가르침을 매우 깊이 연구하는 시대가 인도에 등장한다. 이 시대를 일컬어 부파불교시대라고 부른다. 이 시기에 이르러서 부처님이 남긴 가르침이 어떤 원리와 배경에서 나온 것인지를 밝혀내게 된다. 하나의 문구를 해석하는 입장에 따라 여러 부파로 갈리면서 다양한 논리와 그 근거가 등장한다. 그래서 부파불교다. 각 부파는 서로가 치열한 논박을 거치면서 그 당시에 나온 것이라고 상상하기 어려울 만큼의 성취를 이룬다. 그 수준은 지금 시대에 살펴봐도 깜짝 놀랄 만큼 굉장한 성과다. 현시대의 물리학에서 밝힌 원자의 양자역학과 시간과 공간의 개념 등이 이미 이 시대의 논서에 대부분 담겨 있다. 부처님의 가르침을 바탕으로 세상이 움직이는 거의 모든 메커니즘을 규명하고 있다고 해도 과언이 아닐 정도다. 철학의 깊이가 깊어지면 어느 정도 수준의 성과를 이룰 수 있는지를 이 시대가 보여준다.

사찰 음식은 없다

당연히 음식에 대한 고찰도 이루어졌다. 이때의 논서 중 하나인 《아비달마순정리론》에서는 음식이 애착의 원인이 된다고 분명하게 언급한다.

음식을 통해 애착의 마음이 생긴다. 이로 인해서 여러 즐거운 느낌이 생기며 즐거운 느낌으로인해 애착이 생겨난다. 애착이 생기고 나면 집착을 하게 되고 필요한 것으로 여긴다. 그래서 음식을 애착의 원인이라고 한다.

지미를 맛보는 행위는 중생에게 '맛있다'라는 감각을 일깨우게 했고, 맛이 있음을 인지하면서부터 맛을 욕망하게 됐다. 아비달마시대의 논사들은 치열한 고찰을 통해 음식이 욕망을 일으키는 근본적인 요인으로 향과 맛을 지목한다. 향과 맛은 맛있는 것을 탐닉하게 한다. 맛있는 음식에 대한 탐닉은 더 많이 먹고 싶은 식탐을 부른다. 그렇게 중생은 지미에 빠져들었다. 색계에 머물던 중생은 음식에 탐닉하면서 변화를 맞이한다. 니까야의 한역 경전인 아함경 중 장아함의 《세기경》에서는 태초의 중생이 수명이 다한 후

다시 태어나면서 색계가 아닌 욕계에서 다시 태어나게 됐다고 말한다.

여기서 《아간냐경》과 《세기경》은 다소 차이를 보인다. 《아간냐경》에서는 물질적인 음식을 먹으면서 외모가 변화하여 점점 추하게 변모하고 결국 색계에서 욕계로 떨어지게 됐다고 말한다. 그러나 《세기경》에서는 세계가 확장되면서 중생이 색계에서 욕계로 떨어졌다고 설명한다.

처음에는 색계에서 지은 공덕으로 희열을 먹고 살았지만 공덕의 영향이 끝난 이후부터는 물질적인 음식을 찾게 됐다는 것이다. 이는 아무래도 시간의 흐름과 함께 인도에서 중국으로 논서가 전해지면서 필연적으로 만들어진 차이가 아닐까 싶다. 둘 사이에 차이는 있지만 주요한 사건은 동일하다. 중생들은 야생 쌀이 생겨나자 쌀에 집착하기 시작했다. 부드러운 버터와 같았던 지미와 달리 쌀은 거친 음식이었다. 지미는 온전히 몸에 흡수되어 배설할 것이 없었지만 쌀은 온전히 소화되지 않았다. 소화되지 않은 음식의 찌꺼기는 배설해야만 했다. 전에 없었던 배설이 필요해진 것이다. 그렇게 중생에게 배설기관이 생겨나게 된다.

배설기관의 생성은 또 다른 거대한 변화를 빚어냈다. 배설기관은 남성과 여성의 생식기관이기도 했다. 생식기관이 만들어지면서 성욕도 생겨났다. 욕계에 떨어진 중생에게 식탐에 이은 성욕의 발생은 중생이 욕망에 사로잡히게 만드는 사슬과도 같았다. 불교의 경전에서는 세상이 변화하면서 욕계의 중생이 본능에 사로잡히게 된 과정을 서술하고 있다. 여기서 주목해야 할 것은 욕망을 몰랐던 색계의 중생이 음식으로 인해 타락의 길을 걷게 됐다는 점이다. 불교의 세계관에 있어 음식은 이처럼 매우 중대한 영향력을 미친 존재였다. 중생이 타락의 길을 걷게 된 직접적인 계기가 되었으니, 그만큼 음식에 대한 욕망은 반드시 제어해야만 했다.

이는 성경의 창세기에 나오는 아담과 이브의 이야기와 상당히 닮아 있다. 성경의 내용이 그 자체로 실존하는 사건을 다루는 것이 아니라 비유의 기록이라고 보는 시각이 있다. 이를 전제한다면, 불교와 기독교에서 타락의 원인으로 음식을 지목하고 있다는 점이나 그 과정이 매우 닮아 보인다. 색계의 중생이나 에덴동산의 아담과 이브는 음식을 먹는 행위로 인해 욕계로 떨어지고 에덴동산을 떠나게 된다. 두 종교에서 이야기하는 이 미묘한 유사성은 많은 생각을 떠올리게 만든다.

음식을 바라보는 이런 비판적 인식은 부처님 재세 당시 인도 전반에 만연해 있었던 것으로 보인다. 당시 인도의 많은 사문들은 음식을 절제하는 고행을 당연하게 받아들였다. 여기에 반기를 든 인물이 고타마 싯다르타, 석가모니 부처님이었다. 그 역시 처절하리만큼 음식을 멀리하며 고행을 했지만, 별다른 성과를 이루지 못했다. 생사의 기로에 설만큼 고행을 고집하던 그는 수자타의 죽을 받아먹으면서 비로소 변화한다. 당시 부처님은 모든 고행을 경험한 끝에 극단적인 단식이 수행에 도움이 되지 않는다는 판단을 내렸다. 그리고 고행을 그만두기로 결정한다. 이는 음식에 대한 시각이 바뀌었다는 걸 의미한다. 부처님은 음식이 쾌락을 일으키는 원인이지만, 이는 피할 수 있는 게 아니라는 걸 깨달았다. 대신 깨달음을 얻기 위해 적당하게 섭취하는 것이 더 중요하다고 생각했다. 과하지도 부족하지도 않은 적당한 그 선. 악기가 좋은 소리를 얻기 위해서는 줄을 팽팽하게 당겨도 안 되고 느슨하게 풀어도 안 된다. 적당한 텐션을 유지해야만 좋은 소리를 얻을 수 있다는 그 비유. 곧 중도는 음식을 바라보는 이 관점에도 정확하게 적용된다. 필요한 만큼만 먹고 그 힘으로 수행을 한다는 것은 지금까지 이어지는 원칙이다.

　　　　　　　　　　　　　　　사찰 음식은 없다

나아가 부처님은 음식에 있어서 금기를 두지 않았다. 그러나 제자들에 있어서는 금기가 하나씩 생겨났다. 깨달은 자는 음식의 맛에 집착하지 않고 식탐에서도 자유로울 수 있지만, 깨닫지 못한 자는 음식을 향한 욕망에 쉬이 휘둘리기 때문이었다. 2500년이라는 시간이 흐르는 동안 수행자가 본분을 지킬 수 있도록 하기 위해 계와 율은 점점 복잡해지고 엄격해졌다. 우리가 알고 있는 음식에 대한 그 많은 계율은 이런 배경에서 만들어진 것이다. 사찰 음식을 논하는 데 있어서 특정한 음식을 만드는 조리법이나 맛에 중점을 두어서는 안 되는 이유가 바로 여기에 있다.

2

원효대사의 당부

: 용맹정진을 위한 식생활

사찰 음식의 정체성에서 가장 중요한 것은 정신이다. 무엇을 먹느냐가 아니라 어떤 마음으로 먹느냐, 이것이 핵심이라고 해도 과언이 아니다. 현재 한국불교에서 가장 필요한 건 사찰 음식문화를 규정할 수 있는 철학을 명확히 하는 일이다. 물론 '사찰 음식'이 건강식으로 세간의 관심을 받으면서 이에 대한 연구도 점차 활발해지고 있다. 학문적

근거를 찾을 자료는 많다. 《팔만대장경》이라고 부르는 고려대장경을 비롯해 중국과 한국, 일본에서 전해오는 불교 관련 설화 등 방대한 자료가 있다. 다만 이 안에서 찾을 수 있는 내용은 대체로 먹을 것을 대하는 수행자의 자세를 다룬다. 애초에 음식문화를 식욕으로 연결하여 판단하는 불교의 특성을 감안하면 당연한 결과다.

불교는 다른 종교와 명확하게 다른 면모를 가지고 있다. 절대자를 향한 '기도'를 중심으로 하는 다른 종교와 달리 '기도'와 함께 '수행'을 매우 강조한다.

수행은 나를 바로 보는 행위다. 나의 마음속에서 일어나는 변화를 직면하고 마음의 본질을 꿰뚫어 보는 과정이다. '나'는 어떤 존재이며 궁극적으로 '무엇'인가를 고찰하는 일생의 도전이기도 하다. 먹는 행위는 철저하게 수행의 연장선이다. '맛'을 추구하는 건 탐욕의 일환이다. 이는 철저히 배제하고 제거해야 할 대상이다. 먹는다는 건 수행을 이어가기 위한 생명 연장의 수단일 뿐이다. 먹는 대상인 음식은 나를 살게 해 주는 것. 그리하여 수행을 이어나갈 수 있도록 해 주는 것이다. 여기에 대한 고마운 마음을 가지는 것이 음식을 대하는 수행자의 태도다.

이런 면모는 대장경을 비롯한 현존하는 많은 불교 문헌에서 찾아볼 수 있다. 불교의 음식을 어떻게 규정할 것인가 하는 주제를 뒷받침할 근거는 많다. 그중에서도 꼭 이루어져야 한다고 생각하는 것이 한국불교에서 음식을 바라보는 관점의 정리다.

물론 한국불교에 전하는 음식 관련 설화나 고사는 많다. 그중에서도 기준으로 삼을 만한 건 무엇일까? 연구자에 따라 다른 결론을 보여줄 수 있겠지만, 개인적으로는 원효 스님의 〈발심수행장(發心修行章)〉이라고 생각한다.

원효 스님은 설명이 필요 없을 만큼 한국불교를 대표하는 인물이다. 당나라로 유학을 떠나는 길에 해골물을 마시고 깨우친 고사는 너무나 유명하다. 요석공주와의 사이에서 설총을 낳고 스스로의 선택으로 계율을 깬 그가 소성거사라 칭하며 교화 활동을 했던 것도 잘 알려져 있다. 노래하고 춤추며 퍼뜨린 그의 메시지는 '모든 것에 거리낌 없는 사람이어야 생사의 편안함을 얻는다'는 것이었다. 장애가 없는 삶, 즉 '무애'를 노래한 것이었고 이는 누구나 쉽게 부처님의 심오한 가르침을 이해할 수 있는 방편이었다. 이 정도가 흔히 알려져 있는 원효 스님에 관한 내용이다.

그리고 '고승'이었다는 평가만 인지하고 있을 뿐이다. 그가 얼마나 치열한 구도자이자 수행자였는지는 크게 주목받지 못했다.

그는 생전에 《금강반야경소》 3권, 《금강삼매론》, 《화엄경종요》, 《해심밀경소》, 《섭대승론소》, 《대승기신론종요》 등 9부 240여 권이라는 어마어마한 양의 책을 저술했다. 양도 양이지만 하나하나의 내용이 모두 당시만 해도 심도 있게 공부해야만 이해할 수 있는 것들이었다. 그가 남긴 각각의 저술은 내용마저 훌륭해 당나라에서조차 칭송이 자자했다. 한반도의 불교를 대표하는 인물은 과연 누구냐고 묻는다면 나는 기꺼이 '원효'를 내세우겠다. 티베트불교에 제2의 석가모니라 불리는 파드마삼바바가 있다면 한국에는 원효가 있다. 그런 원효가 남긴 것 중 하나가 〈발심수행장〉이다. 이를 통해 원효 스님은 수행자의 삶을 사는 이가 어떤 마음가짐을 가지고 어떻게 살아야 하는지를 일러 준다.

〈발심수행장〉은 전체의 내용이 706자밖에 되지 않는 사언절구의 짧은 글이다. 수행으로 부처의 길을 가고자 하는 이가 마음을 일으켰을 때 요긴하게 삼을 내용은 결국 고행의 삶이요, 청빈한 매일을 일구어 가는 것이다. 이를 위해 시작부터 원효는 탐욕을 끊어야 할 당위성을 강조한다.

> 모든 부처님께서 적멸궁을 아름답게 꾸미신 것은
>
> 오랜 세월 욕심을 끊고 수행하신 까닭이요
>
> 수많은 중생이 불타는 집에서 고통받는 것은
>
> 끝없는 세상 동안 탐욕을 버리지 못한 까닭이다
>
> 막는 이가 없는데도 천당 가는 사람이 적은 까닭은
>
> 탐욕, 성냄, 어리석음의 삼독 번뇌에 가득 차
>
> 스스로를 재물로 삼기 때문이고
>
> 유혹하는 사람이 없는 악도에 들어가는 사람이 많은 것은
>
> 자기 몸에 대한 애착과 온갖 욕심을
>
> 마음의 보배로 삼는 까닭이다

원효 스님은 욕심을 끊어야 하는 이유를 이렇게 설명한다. 탐욕에 물든 삶이 어떤 결과를 가져오는지를 말해 줌으로써 그 당위성부터 강조하고 있다. 버리고 털어내서 청정한 존재가 되었을 때 비로소 고통에서 해방되는 길이 열린다. 그 길이 곧 정진하는 삶이다. 뒤이어 원효 스님은 출가하여 용맹정진하는 삶의 기준을 설파하고 있다.

사찰 음식은 없다

높은 산과 험한 바위가 있는 곳이

지혜 있는 수행자가 살 만한 곳이요

푸른 소나무가 우거진 깊은 골짜기도

수행자가 머무를 만한 곳이다

배고프면 나무 열매를 먹어 주린 창자를 위로하고

목이 마르면 흐르는 물을 마셔 그 갈증을 식힌다

좋은 음식을 먹고 애지중지 보살피더라도

이 몸은 반드시 무너질 것이며

비단옷을 입어 보호해도

이 목숨은 반드시 끝나기 마련이다

메아리 울리는 바위굴을 염불당으로 삼고,

슬피 우는 새소리를 마음의 벗으로 삼아라

추운 법당에서 절할 때 무릎이 얼음장과 같이 차가워도

불을 생각하는 마음이 없어야 하며

굶주린 창자가 끊어지는 듯해도

먹을 것을 찾지 말아야 한다

한국불교에서 전하는 그 수많은 이야기 중에서도 굳이 〈발심수행장〉을 사찰 음식의 철학을 규정짓는 기준으로 삼아야 한다고 생각하는 건 바로 이 대목 때문이다. 여기에는 수행자가 음식을 대하는 마음가짐이 명징하게 드러난다. 최소한의 것만으로 허기를 달래고 얻을 수 있는 것으로 갈증만을 가라앉히며 수행에 정진하는 삶. 사찰 음식의 가장 기본은 바로 여기에서 출발해야 한다. 다시 말해 원래 수행자란 자연에서 얻은 그대로를 최소한으로 먹고 마시며 용맹정진하는 존재다.

그러나 원효 스님 이후 긴 시간을 지나오는 동안 현실은 그렇지 못했다. 수행자의 삶 역시 중생의 삶이었으며 중생의 탈을 벗기 위해 몸부림치는 것이었을 뿐이다. 스님이 말하는 수행자의 기준을 충족하는 삶이란 극한의 상황에 가깝다. 아직 세속의 때를 벗어던지지 못한 대다수의 수행자는 저토록 치열하게 살지는 못했다. 다만 산사에 모여 사는 대중생활을 하는 동안 자연에서 경작으로 얻어진 것을 최소한의 양념을 더해 먹고 생명을 유지하며 수행에 전념하고자 했다. 원효 스님 이래로 한국불교에서 수행자의 삶이란 줄곧 이런 방식이었다.

사치와 향락에 젖어 들었던 시기도 있었다. 통일신라 말엽부터 고려 후기까지 불교는 타락해갔다. 고려의 시대가 가고 조선의 시대가 열리면서 불교는 산중으로 쫓겨 들어

사찰 음식은 없다

가게 된 것은 그 결과다. 어쩌면 이것은 불교에게 있어 다행이었는지도 모른다. 불교는 이 땅에서 쉬이 사라지지 않았다. 대신 수행의 종교로서 본질을 되돌아볼 기회가 생겼다.

그렇다고 조선의 불교가 마냥 청빈하고 청정한 종교로만 남아 있었던 것은 아니다. 600년의 시간이 흘러오는 동안 때로는 나라를 구하는 데 앞장서기도 했고, 이 과정에서 불가결한 살생도 마다하지 않았다. 때로는 부침을 겪기도 했고, 때로는 불교라는 종교의 본질을 상실해 가는 시기도 분명히 있었다. 조선 말기부터 일제 강점기를 지나 근현대사를 지나오는 동안에는 실망스러운 면모 역시 보였다. 원효 스님이 남긴 〈발심수행장〉을 되돌아봐야 하는 이유가 여기에 있다. 스님은 주어진 생을 사는 동안 한시라도 서둘러 용맹정진을 해야만 하는 당위성을 이 글의 말미에 뚜렷하게 밝혀 두었다.

시간이 흘러 어느덧 하루가 지나가고
하루하루가 흘러서 어느덧 한 달이 되며
한 달 한 달이 흘러서 어느덧 한 해가 되고
한 해 한 해가 바뀌어서 잠깐 사이에 죽음의 문턱에

이르게 되는 것이다

망가진 수레는 굴러갈 수 없듯 사람도 늙으면

수행할 수 없으니

누우면 게으름만 생기고 앉아 있어도

어지러운 생각만 일어난다

몇 생애를 닦지 않고 낮과 밤을 헛되이 세월만 보냈는데

또 헛된 몸을 얼마나 살리려고 이 한 생을 닦지 않겠는가

이 몸은 반드시 마칠 날이 있는 것인데

죽어서 다시 받는 몸은 어떻게 할 것인가

어찌 급하고도 또 급하지 않는가

한 생을 살면서 끊임없이 무언가를 이루려고 노력하며 살다 가는 게 인간의 생애다. 아예 하루하루를 허투루 보내고 아무것도 이루지 못한 채 눈을 감는 일이 허다한 것이 우리의 삶이다. 돈을 벌고 명예를 얻어 아무리 높은 자리에 올라도 헛헛함을 감추기가 어려운 것이 중생이 살다 가는 인생인데, 그 헛헛함은 무엇이며 끊임없이 크고 작은 고통이 밀려드는 건 무엇 때문인가. 그 질문에 답을 찾는 것이 수행이다. 이번 생을 헛되이 보내지 말고 하루라도 빨리 수행자

의 삶을 시작하라는 원효 스님의 권유가 저 글에 담겼다.

출가의 길에 들어섰다고 해서 모든 문제가 절로 해결되는 것도 아니다. 출가한 이는 중생보다도 더 어렵고 험난한 길을 가야 한다. 지켜야 할 수백 가지의 계율을 따르면서 편안한 삶보다 가난하지만 맑은 일상을 영위해야 한다. 지금 한국불교가 그런 점을 잘 지키고 있는지 스스로를 돌아봐야 하는 건 바로 이 대목 때문이다.

자신의 죄도 벗지 못하고서

어떻게 남의 죄를 풀어줄 수 있겠는가

그러므로 계행을 지키지 못하고서는 다른 사람의

공양이나 시주를 받을 수 없는 것이다

수행이 없는 헛된 몸은 아무리 길러도 이익이 없고

덧없는 목숨은 아무리 아끼더라도 보전하지 못한다

(중략)

세상의 향락 뒤에는 고통이 따르거늘 무엇을 탐내랴

한번 참으면 오랜 즐거움이 되는데

어찌 도를 닦지 않는가

도를 구하는 사람이 탐욕을 내는 것은 수행자에게

수치스러운 행위요

출가한 사문이 재물을 모아 부자가 되려는 행위 또한

군자들에게 웃음거리가 된다

출가자라 하면 반드시 계율을 지켜야 한다. 계율을 지키는 일은 어렵지만 계율을 버리면 뭇 중생과 다를 바가 없다. 지금 우리가 사는 세상은 고려 이후 불교가 세속과 가장 가까이 이웃하며 함께 호흡하는 시대다. 그 말은 출가자가 중생과 섞여 살며 계율을 지키는 마음이 무뎌지기 쉽다는 뜻이기도 하다. 실제 그런 일이 비일비재하게 세간에 오르내리고 있지 않은가. 정진하는 삶을 사는 사람은 계율을 지키고 출가자의 본분을 지키는 마음을 가다듬는 시간이 필요하다. 모든 순간이 그래야 하지만 음식을 마주하는 순간만큼 적당한 때도 없다. 나와 나에게 다가오는 인연이 모두 내 앞의 밥상에 담겼다. 그 밥상을 마주하면서 그 관계를 깊이 고찰한다면 조금이나마 자기의 본분을 자각하게 되기 마련이다. 음식을 대하는 시간이 수행자에게 중요한 것은 그래서다. 사찰 음식이라는 개념이 단순히 먹거리의 일종으로만 소비되어서는 안 된다고 재삼 강조하는 이유이기도 하다.

3

사찰 음식의 정신이 담긴
발우공양

∶ 출가자의 물건, 발우

사찰 음식의 철학에 관한 문헌적 기준이 〈발심수행장〉
이라면 발우공양은 사찰 음식의 모든 것을 설명하는 행위
다. 발우공양이란 식사를 하는 행위 자체도 수행을 삼는 과
정이다. 대중생활을 하는 사찰 내에서 모든 이가 같은 시간
한 자리에 모여 음식을 나누어 먹는다. 절차는 세분화되어
있고, 모든 순간이 성불과 중생 교화를 향한 마음가짐을 다

지는 데에 맞추어져 있다. 정해진 의식과 예법에 따라 발우에 음식을 덜어 먹기에 식당작법(食堂作法)이라고 부른다.

이는 중국이나 일본에도 동일한 흐름이 있다. 모두가 중국의 선불교에 뿌리를 두고 있어서다. 현재 한국불교의 식당작법은 원나라 대에 만들어진 《칙수백장청규(勅修百丈清規)》를 따르는 것으로 알려져 있다.

발우공양의 핵심인 발우는 출가자의 밥그릇이다. 산스크리트어 '빠트라(patra)'를 중국에서 한자로 음차해 '발다라(鉢多羅)'라고 불렀다. 여기서 첫 글자 '발'에 그릇을 의미하는 '우(盂)'를 더해 만들어진 말이 발우다. '바리때'라고도 불렀다. 다른 이름도 있다. 응량기(應量器), 중생의 공양을 받는 사람이 자기 양에 맞추어 음식을 받는 그릇이라는 뜻이다. 부처님 시절부터 걸식을 원칙으로 삼고 있다는 걸 보여주는 단어이자 스스로 그 음식을 받을 자격이 있는지를 점검하게끔 하는 이름이다.

《증도가》에는 '항용발(降龍鉢)'이라는 명칭도 등장한다. '용을 항복시킨 발우'라는 뜻이다. 여기에는 고사가 깃들어 있다. 부처님이 마가다국에 도착해 5백 명의 제자를 둔 우루빈나 가섭에게 하룻밤 묵어가기를 청했다. 부처님께서

사찰 음식은 없다

머물고자 했던 곳은 석실인데, 가섭은 이 석실에 사나운 독룡이 살고 있다며 만류했다. 그럼에도 묵묵히 석실에 들어선 부처님은 좌선삼매에 들었다. 이 모습을 보고 독룡이 모습을 나타냈다. 불을 뿜으며 부처님께 달려들었지만 부처님은 그저 고요할 따름이었다. 그리고 부처님 역시 불을 일으키며 화염광삼매를 이루더니 신통력을 일으켰다. 순간 독룡의 몸은 작아졌고 부처님은 이를 발우에 담아버렸다.

이 사건을 계기로 당신 인도에서 내로라하는 명성을 떨치던 가섭과 두 동생이 제자들과 함께 부처님께 귀의하게 된다. 이로써 부처님의 제자는 단번에 천 명이 늘어났다. 이는 교단이 형성되는 중요한 계기가 되었기에 가섭 형제의 귀의는 불교사에서 매우 중요한 사건으로 평가받는다. 그리고 이 설화에서 발우는 부처님의 신통력을 보이는 물건으로서 역할을 톡톡히 한다.

부처님 때부터 끼니를 해결하는 도구였기에 발우는 늘 지니고 다녀야 하는 필수품이었다. 부처님 재세 시에는 큰 그릇 하나였고 재질도 질그릇 혹은 쇠였다. 경전에서는 석가모니 부처님이 처음 갖게 된 발우가 돌발우라고 적고 있다. 보리수 아래에서 깨달음을 얻은 지 칠칠일이 되던 날 근처를 지나던 두 상인이 공양을 올리고자 했다. 그러나 이때는 공양을 받을 그릇이 없었다. 그 순간 하늘에서 사천왕이 내려와 금발우를 하나씩 가져와 바쳤지만 부처님은 이를 거절한다. 출가자에게 합당하지 않은 그릇이라는 이유에서였다. 이 외에도 은으로 만든 발우, 유리로 만든 발우 등을 바쳤지만 부처님은 역시 모두 거절해 버렸다. 이에 사천왕은 돌로 만든 발우를 올렸다. 그제야 부처님은 사천왕이 올린 발우 4개를 받아서 하나로 포갠 뒤 상인들의 공양을 받았다. 이것이 발우에 대한 최초의 기록이다. 발우는 옛 조사가 전법(傳法)을 할 때 가사와 함께 전하는 전법의 증표이기도 하다. 그만큼 출가자에게는 중요하고 중요한 물건이다.

발우로 식사를 하는 발우공양은 남방불교와 대승불교 간의 차이가 있다. 인도와 동남아시아 국가에서 전승되고 있는 발우공양은 커다란 발우 하나를 들고 탁발을 나간다. 이 전통은 불교만의 것은 아니다. 부처님께서 태어나시기 이전 인도의 주류는 브라만교였다. 기원전 6세기경에는 이에 저항하는 새로운 종교와 사상이 등장했는데, 그들을 통칭해서 '사문'이라고 불렀다. 석가모니 부처님이 교단을 형

사찰 음식은 없다

성했을 때 불교 역시 새로운 사상이었다. 사문들은 대체로 걸식을 했다. 이는 무소유의 삶 속에서 수행에 집중하고 정진하기 위한 선택이었다. 부처님 역시 이 문화를 받아들였다. 오히려 단순 걸식에서 한 단계 더 나아가 탁발로 발전시켜서 교단 내에 정착시켰다. 걸식과 탁발은 같은 뜻이지만 탁발의 경우 여기에 담긴 의미가 더 깊다고 할 수 있다. 걸식으로 얻은 음식을 담는 발우에 '목숨을 맡긴다'라는 게 불교 교단의 인식이었다.

불교가 히말라야 산맥을 넘어 중국으로 전래된 이후에는 탁발과 발우의 사용법에 변화가 생겼다. 큰 발우 하나만 사용하던 전통이 4개의 그릇을 사용하는 식으로 바뀌었다. 쉽게 말하면 밥그릇, 국그릇, 물그릇, 찬그릇이다. 이 네 개를 겹쳐서 보관하거나 가지고 다니는 4합 발우다. 경우에 따라 5합을 사용하기도 했다. 그러나 이는 아귀나 아수라에게 공양하기 위한 용도여서 실사용을 하지는 않았다.

가장 큰 밥그릇은 어시발우라고 부른다. 불(佛)발우라고도 한다. 두 번째로 큰 그릇은 보살발우, 다음은 성문발우다. 가장 작은 것은 연각발우라는 이름이 붙어 있다. 발우공양을 할 때는 모든 이가 대방으로 모인다. 앉는 자리는 모두 정해져 있다. 방의 중앙은 어간이다. 여기를 중심으로 조실이 앉고 조실의 왼쪽은 청산, 오른쪽은 백운이다. 청산은 이 절에 상주하고 있는 사람들이 앉는다. 주로 절의 살림을 사는 사판승의 자리다. 반대로 왼쪽의 백운은 수행에 전념하는 이판승이 앉는다. 이들은 안거가 끝나면 구름이 흘러가듯 만행을 다니기 때문에 백운에 비유한다.

　일반인이 보기에 발우공양의 절차는 꽤 복잡해 보일 수 있다. 그만큼 출가자에게 음식을 먹는 행위는 중요하다. 음식을 먹는다는 것은 다른 생명으로 내 생명을 살리는 것이다. 음식의 재료가 되는 모든 생명은 구태여 동물의 고기가 아니어도 역시 소중한 한 생이다. 그래서 음식을 먹는 행위는 단순한 식사가 아니라 '공양'이다. 탁발로 얻은 음식을 먹는 것이나 직접 경작을 하고 후원에서 조리 과정을 거쳐서 만든 음식이나 마찬가지다. 엄중해야 하고 엄격해야 한다. 내 생명을 살리기 위해 이 음식을 받을 자격이 있는지 스스로를 성찰하는 시간이어야 한다. 그러므로 하나하나의 과정에 모두 의미를 부여하고 여러 절차를 거친다.

공양은 입승 소임을 맡은 스님이 치는 세 번의 죽비 소리와 시작한다. 템플스테이에서 발우공양을 접해본 이도 원래 발우공양의 과정은 잘 모를 것이다. 본격적인 식사를 하기 전에 일련의 행동을 하는 동안〈소심경(小心經)〉을 함께 한다. 모두 세 단계의 게송으로 구성돼 있다.

첫 번째는 '하발게(下鉢偈)'다. 선반에 올려놓았던 발우를 내리면서 그 자리에 모인 모두가 함께 부른다.

집지응기 당원중생 執持應器 當願衆生
성취법기 수천인공 成就法器 受天人供
발우를 집어들고 원하옵나니 모든 중생이
법기를 성취하여 하늘과 사람의 공양을 받을지어다

공양이라는 건 공경의 마음으로 불법승 삼보에게 공양물을 올리는 행위다. 향, 꽃, 등, 차나 과일 같은 음식, 재물 등을 올리는 것이 모두 공양에 해당한다. 그중에서도 발우공양은 음식을 받는 일, 그러므로 그릇이 필요하다. 실제로는 발우에 음식을 담는 것이지만, 사람은 부처님의 가르침으로 깨달음을 얻어 스스로가 부처님이 될 수 있는 존재이므로 법(가르침)을 담는 그릇이기도 하다. 그러므로 이 게송은 모든 중생이 법기가 되어 성불하라는 의미다. 모두가 자기 자리에 앉으면 다시 한번 죽비 소리가 울린다. '회발게(回鉢偈)'를 욀 차례다.

불생가비라 성도마갈타 佛生迦毘羅 成道摩竭陀

설법바라나 입멸구시라 說法波羅奈 入滅俱尸羅

부처님은 가비라성에서 태어나시고

마가다국에서 도를 이루셨으며

바라나성에서 법을 설하시고

구시나가라에서 열반에 드시었네

다시 한번 죽비 소리가 나면 '전발게(展鉢偈)'가 울려 퍼진다.

여래응량기 아금득부전 如來應量器 我今得敷展

원공일체중 등삼륜공적 願共 一切衆 等三輪空寂

부처님께서 전해주신 발우를 제가 이제 받아 펴니

원컨대 모든 중생으로 하여금 삼륜이 청정하게 하소서

그리고 다시 죽비 소리가 세 번 들리면 발우를 펴기 시작한다. 이때 네 개의 발우는 각각의 자리가 있다. 불발우는 왼쪽 앞, 보살발우는 오른쪽 앞, 성문발우는 불발우의 뒤, 연각발우는 보살발우의 뒤다. 모든 발우를 다 펴면 죽비를 한 번 치고 불보살 열 분의 명호인 '십념(十念)'을 입모아 부른다.

청정법신 비로자나불 淸淨法身 毘盧遮那佛

원만보신 노사나불 圓滿報身 盧舍那佛

천백억화신 석가모니불 千百億化身 釋迦牟尼佛

구품도사 아미타불 九品導師 阿彌陀佛

당래하생 미륵존불 當來下生 彌勒尊佛

시방삼세 일체제불 十方三世 一切諸佛

시방삼세 일체존법 十方三世 一切尊法

대지문수 사리보살 大智文殊 舍利菩薩

대행보현보살 大行普賢菩薩

대비관세음보살 大悲觀世音菩薩

대원본존지장보살 大願本尊地藏菩薩

제존보살마하살 諸尊菩薩摩訶薩

마하반야바라밀 摩訶般若波羅密

　　죽비의 신호가 다시 울리면 스님 네 명이 밥, 국, 청수,
찬을 들고 대중 앞을 도는데, 각자 원하는 만큼 발우에 음식
을 덜어 담는다. 두 번에 걸쳐 모든 이에게 음식을 덜 기회
를 주는데, 이때 덜어둔 양이 적당하면 합장을, 모자라거나
많을 경우 음식을 덜거나 더한다. 음식의 분배가 끝나면 죽
비 소리와 함께 어시발우(불발우)를 눈썹까지 들어올린다.
소중한 음식을 받으며 읊는 '수식게(受食偈)'의 차례다.

약수시식 당원중생 若受食時 當願衆生

선열위식 법희충만 禪悅爲食 法喜充滿

이 공양을 받은 모든 중생에게 원하노니

선정의 기쁨을 음식으로 알아 진리의 기쁨

가득하여지이다

　　다시 죽비 소리가 들리면 합장을 하고 '오관게(五觀偈)'
를 한다. 이 게송이야말로 발우공양의 핵심이다.

　　　　　　　　　　　　　　　사찰 음식은 없다

계공다소량피래처 촌기덕행전결응공

計功多小量彼來處 忖己德行全缺應供

방심리과탐등위종 정사량약위료형고

防心離過貪等爲宗 正思良藥爲療形枯

위성도업응수차식 爲成道業應受此食

이 음식이 어디에서 왔는가 내 덕행으로 받기가
부끄럽네

마음의 온갖 욕심 버리고 육신을 지탱하는 약으로 삼아

도업을 이루고자 이 공양을 받습니다

'오관게'는 공양을 하기 전에 마음을 가다듬고 반드시
생각해야 할 다섯 가지를 이야기한다. 다시 말해 밥을 먹는
동안 다섯 가지 종류의 관상수행을 하라는 게송이다. 다섯
가지 관상 수행은 이 음식이 오기까지 얼마나 쉽지 않은 과
정을 거치는지, 음식을 받는 데 내가 모자라지는 않는지, 음
식의 맛에 집착하지는 않는지, 식사는 오로지 굶주림을 해
결하는 약으로만 쓰는지, 수행을 이어 나가기 위해 이 식사
를 받았는지 등을 생각하는 것이다. 그러니 이는 단순히 식
사 전에 올리는 예법이 아니다. 좀 더 쉽게 풀어서 설명하
자면, 발우에 담아 먹는 한 끼 식사는 그 자체로 수행이라는

뜻이다.

음식이 맛있고 맛없음은 중요하지 않다. 여러 생명으로 정성껏 만든 음식을 받아야 하는데, 과연 나는 그 생명으로 내 생명을 연장할 만큼의 자격이 있는가를 돌아보는 것. 눈 뜨고 눈 감을 때까지 나의 하루를 돌아보면 나는 무엇을 했는가. 과연 나는 그런 하루를 보내고 짧디 짧은 내 생의 시간을 보내면서 이 귀중한 생명을 음식으로 받아도 되겠는가? 나를 위해 온몸을 내어준 그 생명에 부끄러움은 없는가? 이를 생각한다면 이 그릇에 담긴 음식은 그냥 음식이 아니다. 이 음식을 먹고 하루를 더 살 수 있게 됐다면, 내가 주어진 하루의 시간을 어떻게 보내야 하는지는 자명하다. 사찰 음식이란 그 마음을 되새기게 하는 것이고, 만드는 사람의 마음을 담아내는 조리에 이르기까지의 과정과 먹는 이의 마음가짐이 모두 중요한 세상에 단 하나뿐인 식사다. 이를 배제하면 어떻게 만든 음식인지, 어떤 메뉴인지는 하나도 중요하지 않다. 그것은 한식의 일종일 뿐 사찰 음식이 아니다.

여기까지만 해도 발우공양이 무척 복잡하고 어렵게 보일 것이다. 이제 식사를 시작할 차례. 하지만 아직 한 가지 과정이 더 남아 있다. 어시발우에서 밥알을 3~7알 정도를 떼어 숟가락 위에 올린다. 죽비를 치면 합장하고 '생반게(生飯偈)'를 읊는다.

여등귀신중 아금시여공 汝等鬼神衆 我今施汝供
차식변시방 일체귀신공 此食遍十方 一切鬼神供
'옴 시리시리 사바하'(3번)
너희와 같은 귀신들이여, 내가 이제 그대들에게
공양을 베푸나니 이 음식이 시방세계에 두루하여
모든 귀신이 함께 공양하여지이다

나의 식사를 하기 전에 눈에 보이지 않는 존재에게 먼저 음식을 나누는 과정이다. 공양받기에 부끄러운 몸이지만, 이 귀한 음식을 조금이나마 나눔으로써 함께하자는 의미다. 눈에 보이지 않는 존재여도 그 역시 중생이고 그 존재를 잊지 않는다. 새벽마다 범종을 서른세 번 친다. 서른세 개의 세계에 그 소리를 보내 모든 존재가 함께 성불하기를 기원하는 마음이 담긴 의식이다. 나의 식사 전에 외는 '생반게'도 같은 의미다. 출가자라면 마땅히 세상 모든 중생을 위할 줄 알아야 한다는 가르침이 이 식사의 과정에도 담겨 있다.

마침내 헌식기를 돌리면 숟가락에 담아두었던 밥을 넣는다. 죽비를 세 번 치면 비로소 나의 식사를 시작한다. 이때도 그릇을 들고 입이 보이지 않게 먹는다. 떠들거나 씹는 소리를 내는 것도 금물이다. 어시발우에 반찬이나 국을 넣어 비벼서 먹는다거나 말아 먹는 것도 안 된다. 발우는 부처님께 공양을 올릴 때 불기 대신 사용할 수 있기 때문이다. 음식을 떠서 입에 넣고 씹고 맛을 느끼는 모든 순간에 집중할 뿐이다. 그 자체로도 선수행이다.

어느 정도 공양이 끝나갈 때쯤 죽비를 두 번 쳐서 숭늉을 돌린다. 이때 남겨 놓은 김치나 무 조각 같은 것으로 발우를 깨끗하게 닦은 후 숭늉을 모두 마신다. 이 과정에서 그릇에 묻은 기름기를 모두 닦아낼 수 있다. 그리고 처음 받았던 청수의 물을 어시발우에 붓고 이를 국 발우, 찬 발우로 옮겨가며 손으로 닦는다. 모든 발우를 다 닦고 난 물은 청수통에 붓는다. 청수를 다 거두고 나면 '절수게(絶水偈)'로 공양을 마무리한다.

아차세발수 여천감로미 我此洗鉢水 如天甘露味

시여아귀중 개령득포만 施汝餓鬼衆 皆令得飽滿

'옴 마휴라세 사바하'(3번)

사찰 음식은 없다

나의 발우 씻은 물은 하늘의 감로수 맛이라

너희 아귀들에게 베푸노니 모두 배불러지이다

함께 공양을 한 모두가 부은 청수통에는 당연히 찌꺼기 하나 없는 맑은 물만 남아야 한다. 만약 고춧가루 하나만 남아 있더라도 그 물을 모두가 나누어서 마셔야 한다. 이 청수는 아귀지옥에 사는 아귀에게 주어지는 것이기 때문이다. 아귀는 목구멍이 바늘구멍만 하지만 배는 산처럼 커서 먹고 싶어도 먹을 수 없고 그래서 늘 배고픔에 시달리는 존재다. 이들이 유일하게 먹을 수 있는 게 청수뿐이니 고춧가루 한 톨만 있어도 아귀의 목구멍이 막히거나 불이 되어 목구멍을 태운다고 한다. 발우공양은 이처럼 시작부터 끝까지 나를 성찰하는 기회이자 세상 모든 존재들과 함께 나누고 자비를 실천하는 행위다.

절수게까지 끝나면 발건으로 발우를 닦고 차례차례 포개어 발우천을 잘 묶는다. 공양이 끝나면 대중공사라고 하여 이때 사찰 대중생활에 필요한 회의를 하거나 공지사항을 전한다. 대중공사까지 마치고 죽비가 한 번 울리면 합장을 하고 '수발게(收鉢偈)'를 외운다.

반식이흘색력충 위진시방삼세웅

飯食已訖色力充 威振十方三世雄

회인전과부재념 일체중생획신통

回因轉果不在念 一切衆生獲神通

공양을 마치니 몸에 힘이 가득히 차서 위엄을 시방삼세

떨치는 영웅과도 같아라

인연공덕 회향하여 마음에 두지 않으니 모든 중생이

신통을 얻어지이다

발우공양은 종교적 측면에서 수행과 자비의 실천이라는 의미도 있지만, 더 넓게는 훨씬 다양한 함의가 있다. 특히 모든 존재의 인연법이 한 그릇에 담겨 그 자체로 불교에서 이야기하고자 하는 진의를 보여준다. 관계성, 인드라망이라고 부르는, 거미줄처럼 복잡한 세상 모든 존재의 인연법이 발우 안에 담겨 있다. 온 우주가 발우 안에 담기는 셈이다. 생각해보라. 이 한 그릇을 받을 때까지 얼마나 많은 존재의 노력이 있었는가. 경작을 하는 농부와 그 식재료를 움직이고 유통하고 관리하고 요리하는 수많은 사람의 피땀이 있어 이 한 그릇이 비로소 완성된다. 보시로 자비를 실천하는 것을 우선 덕목으로 삼는 출가자가 아니어도 밥 한 그릇에 담긴 인연을 생각한다면, 그 누구도 음식을 쉬이 대할 수 없다. 그 마음가짐을 배운다면 매순간 마주하는 사람을 대하는 나의 태도 역시 변화할 것이다. 그것이 오관게에서 말하는 첫 번째 항목에 담긴 의미다.

발우공양이 중요한 이유는 또 있다. 우리가 사는 지구의 지속 가능성을 담보하는 식사법이라는 점이다. 내가 먹을 만큼만 덜어서 아주 작은 찌꺼기 하나 남기지 않고 깨끗하게 먹는 습관. 이 역시 어디에서도 찾아볼 수 없는 방식이다. 모두가 발우공양을 실천할 수 있다면 매일 엄청난 양으로 쏟아지는 음식쓰레기가 확연하게 사라질 것이다. 나아가 식재료의 과소비, 한 단계 더 위로는 공장식으로 과도하게 키워서 파는 과생산까지 막을 수 있는 힘이 있다. 고작 발우공양 하나일 뿐이지만, 이것이 가지고 올 수 있는 나비효과는 엄청나다. 환경 파괴를 막는 가장 현실적인 수단일지도 모른다. 그래서 발우공양은 사찰 음식의 핵심이어야 한다. 우리가 지금까지 '사찰 음식'이라 불렀던 개념을 다시 돌아보고 그 기준과 정신을 온전히, 쉽고 명확하게 재정립해야 하는 이유다.

3

오래전
인도 문화가 물려준 유산

: 금기의 재료 오신채의 정체

사찰 음식에 관해 가장 잘 알려진 건 발우공양과 오신채다. 어지간한 사람은 출가자가 발우공양을 한다는 것 정도는 알고 있다. 더불어 오신채(五辛菜)를 먹으면 안 된다는 것도 이제는 상식으로 자리 잡았다. 오신채의 매울 '신' 자는 맵다는 의미보다는 강한 자극을 주는 채소 정도로 보면 될 듯하다. 오신채를 금기시하는 이유에 대해서는 항간에

떠도는 이야기가 많다.

양기를 북돋아 수행에 전념해야 하는 스님에게 해가 된다는 이야기가 대표적이다. 비슷하게는 번뇌 망상을 일으킬 수 있어 금지했다는 풀이도 있다. 오신채를 둘러싼 이런 이야기들은 과연 맞을까?

알려져 있기로 오신채는 파, 마늘, 부추, 달래, 흥거를 말한다. 이와 관련한 기록을 찾아보면 그 기원은 인도까지 거슬러 올라간다. 채식주의와 함께 힌두의 문화에서 영향을 받은 것이 지금까지 이어지고 있는 것으로 추정한다. 문제는 현재 한국에서 오신채라고 분류하는 다섯 가지 채소가 정확히 인도의 기록과 일치하지 않는다는 데 있다. 산스크리트어 명칭부터가 다르다. 산스크리트어의 단어를 한자로 번역한 것을 정리한《번역명의대집》이라는 문헌을 찾아보면 파를 라따르까(latārka, 革蔥), 마늘은 라슈나(laśuna, 大蒜)로 표기한다. 이 두 가지는 현재 알려진 것과 동일하나 나머지 세 가지는 차이가 있다. 그중 양파가 오신채에 포함돼 있다는 건 다소 독특해 보인다. 예부터 인도에서 양파를 먹었는지는 확실치 않지만, 적어도 동북아시아에서는 19세기 이후에나 등장한다. 양파는 이름부터 '서양의 파'라는 뜻을 내포한다. 1871년 일본 아오야마에서 수입해 재배했다는 기록이 있고, 한국에는 1908년에서야 양파 시험재배의 흔적을 찾아볼 수 있다. 산스크리트어의 양파와 우리가 아는 것이 동일한 종류인지는 알 수 없다. 어찌 되었든 저 문헌은 양파를 팔란두(palāṇḍu)라고 적어 놓았다. 나머지는 그릉자나(gṛñjana), 힝구(hiṅgu)라는 생소한 작물이다. 앞의 세 가지의 번역어는 우리에게도 익숙하지만 뒤의 두 가지는 매우 생소하다. 이는 날씨가 더운 인도에서 나는 재료일 가능성이 높다.

그럼 초기불교의 교단에서도 저 오신채를 금지하는 규정을 받아들이고 있었는지 궁금해진다. 하지만 적어도 부처님 재세 시에는 아니었을 가능성이 높아 보인다. 처음 교단이 만들어질 무렵 부처님은 음식에 대한 특별한 규정을 두지 않았다. 부처님이 극단적인 절식 고행에서 벗어나 필요한 만큼의 적절한 음식 섭취로 깨달음을 얻었기에 음식을 가리는 건 애당초 고려하지 않았다. 문제는 제자들이었다. 깨달은 자와 깨닫지 못한 자는 달랐다. 부처님께 귀의한 제자들은 음식에 대한 욕망을 제어하기 어려웠다. 이런 면모는 욕망을 다스리기 위한 방편으로 두타행을 권장했다는 부분에서 확인할 수 있다. 부처님은 제자들에게 인간의 본능에서 비롯되는 욕망을 제어하기 위해 제자들이 스스로 지켜야 할 원칙을 정했다. 이것이 두타행이다.

두타행은 고행의 일종이다. 부처님은 당시 인도의 사문들이 행했던 극단적인 고행을 거부한 인물이지만, 두타행은 권했다. 유일하게 허용된 고행이었던 셈이다. 이는 편안함을 좋는 마음을 경계하고 의식주와 관련된 것은 최소한으로만 유지하도록 한다.

두타행의 규칙은 문헌에 따라 다르지만 12가지 혹은 13가지 정도다. 이 중 음식에 연관된 규칙은 5가지다. 두타행의 내용을 담고 있는 〈청정도론〉에 따르면 이 규칙의 세부 이행사항은 조금 더 구체적이다. 걸식 이외에 다른 방식은 모두 거부하는 '상걸식' 규칙만 해도 14종류의 음식을 거부해야 한다. 여기에는 승단을 의미하는 상가에 제공된 음식이나 기부자가 제공하는 음식, 다른 비구에게 제공되는 음식 등이 모두 포함돼 있다. 오로지 걸식만으로 허기를 달래라는 의미다. 한번 자리에 앉아서 공양을 시작했다면 일어선 이후에는 먹던 것을 이어서 먹는 것도 금지다. 이를 '일좌식'이라고 불렀다. 걸식 중에는 발우에 담아주는 음식을 거부해서도 안 됐다. 이런 식으로 상당히 세세한 항목이 세부 이행사항으로 따라온다. 두타행은 매우 어려운 고행이었지만, 이를 실천에 옮김으로 욕망을 내려놓을 수 있었다.

두타행의 사례에서 볼 수 있듯이 부처님의 제자들은 음식에 관한 어떠한 금기도 없었지만, 시간이 흐르면서 점차지켜야 할 규정이 늘어갔다. 교단에 속한 제자의 수가 늘어갈수록 공동체를 유지하기 위한 규율이 필요했고, 각자의 근기에 따라 필요한 원칙이 달랐기 때문이다. 그런 모든 규정은 수차에 걸친 '결집'을 통해 계율로 정리해 나갔다. 그사이에 만들어진 규정 중에 특별히 '오신채'를 특정해서 강조하는 조항은 보이지 않는다. 이 중 특정한 음식을 먹지 말라고 금지하는 부분은 있다. 초기불교의 계율을 다루는〈사분율〉에 마늘을 금지하게 된 계기가 나온다.

늘 부처님 곁에서 설법을 듣던 사문이 부처님과 멀리떨어진 곳에 앉았다. 부처님은 아시면서도 아난에게 물었다. "비구가 왜 멀리 앉아 있느냐?" 아난이 대답했다. "비구가 마늘을 먹었습니다. 역한 냄새가 나기에 부처님께 누가 되지 않을까 염려되어 뒤에 앉았습니다." 부처님이 말씀하셨다. "맛을 탐해 법을 듣지 않으니 지금부터 마늘을 먹지 말라."

마늘을 금지한 이유는 냄새 때문이었다. 날씨가 더운 인도의 사정을 생각하면 입 안에 남은 마늘 냄새는 견디기 어려울 만큼 역한 냄새를 오랫동안 강하게 풍겼을지도 모른다. 더구나 여럿이 모여 함께 생활하고 수행을 하는 공동체 내에서 마늘의 강렬한 향은 방해가 될 여지가 충분하다. 마늘은 음식의 맛을 돋우는 훌륭한 조미료지만 함께 수행하는 다른 이에게는 고약한 방해 요소가 될 테니 금지의 대상으로 지정될 만도 하다. 〈사분율〉의 다른 부분에는 마늘을 금지한 또 다른 이유도 나온다. 이때는 아직 마늘이 금지되지 않은 시점이었던 모양이다.

투라난다라는 비구니가 마늘밭을 지나고 있을 때였다. 밭 주인은 그날부터 지나는 스님에게는 누구든 마늘을 다섯 통씩 보시하기 시작했다. 그러던 중 밭 주인이 자리를 비운 날이었다. 비구니는 보시를 받지 못하게 되자 다른 비구니 여럿을 데리고 와 여러 날 보시 받을 분량을 한꺼번에 뽑아가 버렸다. 이 일로 마늘밭을 망치게 됐다. 이를 알게 된 부처님은 말했다. "만일 비구니가 마늘을 먹으면 바일제(波逸提)에 해당한다."

바일제는 가사나 발우 등의 물건을 규정 이상으로 소유하거나 사소한 거짓말 혹은 욕설을 행하는 가벼운 죄를 이른다. 바일제를 범한 이는 4인 이상의 승려 앞에서 참회해야 한다. 투라난다 비구니는 마늘을 훔친 것이나 마찬가지였으므로 가지고 온 마늘을 승려들 앞에 돌려봐야 했을 것이다.

∶ 인도와 중국의 오신채, 과연 같은 것일까?

초기불교의 교단에서 음식을 바라보는 시각은 이와 같았다. 별도로 오신채를 언급하거나 다섯 가지 채소에 특정한 이유를 붙여서 금기시하지는 않았다. 금하더라도 공동체 생활에 필요한 경우에 금지하는 정도로 비교적 합리적인 판단을 내렸다.

이런 음식 관련 규정은 시간이 흘러 불교가 인도에서 중국으로 전래한 이후 상당히 많은 변화를 보인다. 중국의 문헌에서는 오신채의 개념이 확고하게 문구로 드러난다. 〈범망경보살계)에 나오는 부분이다.

> 다섯 가지 냄새가 나쁜 채소를 먹지 말라. 대산(大蒜, 마
> 늘), 혁총(革蔥, 파), 자총(慈蔥, 달래), 난총(蘭蔥, 부추), 흥거
> (興渠)가 그 다섯 가지다. 이 매운 채소는 일체 음식에 넣
> 지 말라. 만일 먹는 자는 경구죄(輕垢罪, 허물이 가벼운 죄)
> 를 범하게 되는 것이니라.

이 경전은 대승불교의 승단이 지켜야 할 계율에 관한
책이다. 그러나 인도의 산스크리트어 원전이 전하지 않아
중국에서 만든 위경일 것으로 추정하고 있다. 부처님이 직
접 설한 가르침을 기록한 경전이 아니어도 이 책을 참고할
가치는 충분하다. 인도에서 중국으로 넘어간 불교의 변화
를 유추해 볼 수 있어서다. 이 경전에서는 열 가지의 큰 죄
와 48가지의 허물이 작은 죄를 구분하여 말하고 있다. 이
중에 오신채와 관련한 항목이 등장한다. 초기불교의 계율
에서는 찾아보기 어려웠던 오신채가 〈범망경보살계〉에서
드러나고 이를 금지하고 있는 것이다. 오신채를 먹었을 때
의 죄는 허물이 작은 죄다. '식오신계(食五辛戒)'에 해당한
다. 비록 열 가지의 큰 죄는 아니어도 음주와 육식을 금하는

계율과 동등한 위치를 점한다. 인도의 초기불교에서 중국의 불교가 공고해지는 긴 시간 동안 어떤 변화가 있었던 것일까?

이 의문을 풀 열쇠는 인도와 중국, 각각의 지역에서 발현한 두 사상에 있다. 이 둘은 인간과 자연이 어떤 관계를 형성하는지를 핵심으로 삼는다. 서로 다르지만 유사한 면이 있다. 먼저 살펴봐야 할 것은 아주 오래전 인도에서 만들어진 인도 의학의 기원이다. 《아유르베다》라고 부르는 이 의학체계는 기원전 6세기 수슈루타라는 인물이 인도의 전통 의학과 고대 힌두교의 전통 의학을 집대성한 의학서다. 인간의 신체, 정신, 영적 에너지 사이의 균형을 바탕으로 질병을 다스리는 게 특징이다. 먹는 것 역시 인간의 신체에 지대한 영향을 끼치는 요소이기 때문에 무엇을 먹는지도 매우 중요하게 다룬다. 그러나 이 체계에서는 오신채를 확정적으로 다루지 않는다. 다만 오신채에 해당하는 것 중 마늘과 흥거에 대한 설명이 나와 있다. 이 두 가지는 수행자에게 적합하지 않은 음식이라고 말한다. 생식기관을 자극하고 마음을 혼탁하게 만든다는 게 그 이유다.

서기 400년경에는 요가 수행자 사이에서 음식과 수행의 연관성을 주목하는 흐름이 나타난다. 마늘과 흥거처럼 자극적인 기운의 음식을 금하는 요가 수행자의 관점은 이때쯤부터 인도의 불교 교단에도 영향을 미쳤을 개연성이 있다. 욕구를 다스리면서 수행에 집중하던 교단의 분위기는 이즈음부터 음식이 몸에 영향을 미치고 정신을 흐리게 만들 수 있다는 방향으로 발전되어 가지 않았을까 추정된다.

　　이렇게 인도의 불교가 복잡한 계율과 특정 음식을 금지하는 규정이 형성된 이후 대륙을 가로질러 중국으로 불교가 전파되기 시작한다. 당시 중국에서는 노자와 장자를 중심으로 도가사상이 성립해 있었다. 자연의 실상을 꿰뚫어 보고 무위*의 삶을 추구하는 게 도가의 핵심이다. 이는 중국 내에서 유행하던 종교, 사상, 세계관 등과 습합하면서 '도교'라는 별도의 신앙으로 발전한다. 처음 불교가 중국에 전래했을 때, 중국에서는 인도의 불교가 말하는 진의를 온전히 전달할 수 있는 단어가 없었다. 그래서 초기에는 방편

---

* 무위(無爲): 자연에 따르고 인위적인 것을 가하지 않는 것

으로 도교와 유교의 단어와 문구를 차용해서 뜻을 전했다. 이 과정에서 많은 오해와 진의가 왜곡되는 사례가 빈번하게 일어났다. 이는 인도와는 다른 중국만의 불교적인 색채가 형성되는 배경이 됐다.

중국의 도교는 당시 인도에서 거론하던 음식과 인간 사이의 관계를 받아들이기 좋은 그릇이 됐다. 당시 중국은 도교가 민간의 신앙으로 자리매김하면서 음양과 오행을 바탕으로 삼아 불로장생을 추구하는 온갖 행위가 만연해 있었다. 이를 섭생법이라고 부르는데, 호흡을 조절하고 음식을 가려 먹는 등 다양한 방식이 이미 형성돼 있던 상황이었다. 인간과 자연이 서로 영향을 미치면서 신체적 기능을 조율한다는 건 아유르베다의 의학 체계나 요가 수행자의 사상과도 유사한 면이 있다. 불교가 전래되는 과정에서 인도불교의 음식 규정이 중국 땅에도 스며들 수 있었던 배경이다.

그렇다고 인도의 음식 규정이 중국에 명확하게 적용될 수는 없는 법이다. 일단 인도와 중국은 기후 조건이 다르고 식생이 다르다. 아마도 중국인들은 인도에서 말하는 채소가 정확히 무엇인지 이해하지 못했을 것이다. 불교의 진의가 다른 사상의 언어를 통해 전달됐던 것처럼, 오신채 역시 중국에 존재하는 비슷한 작물의 이름으로 대체됐을 가능성도 무시하기 어렵다. 산스크리트어로 기록한 오신채는 중국의 단어로 번역되는 과정에서 각각 대산, 혁총, 자총, 란총, 흥거라는 이름으로 대체됐다. 한자로 '총'은 파를 이르는 글자다. 자총은 대파, 란총은 부추를 뜻하는 것으로 정리되었지만, 흥거라는 식물은 좀처럼 어떤 식물인지 알려진 게 없다. 사전에서는 흥거를 '무릇'이라고 밝히고 백합과에 속하는 풀이라고 하지만, 이 역시 당초 오신채에서 말하는 것과 동일한 식물인지 알기 어렵다. 이것은 아마도 중국에도 존재하지 않은, 인도의 식물인 탓에 달리 대신할 단어가 없었던 게 아닌가 조심스럽게 짐작해 볼 뿐이다.

오신채는 이처럼 중국으로 건너와 비로소 그 정체와 의미가 명확해졌다. 그리고 이 개념은 다시 한국으로 전해져 지금에 이른다. 인도의 유산이 중국을 거쳐 한국불교에 뿌리를 내렸지만, 흥미롭게도 이 규정을 가장 소리 높여 강조하는 건 한국불교다. 지금도 후원에서 만드는 모든 음식에는 오신채를 넣지 않는다. 그 전통은 이미 1500년을 이어오고 있다. 그토록 오랫동안 음식 전통을 유지한다는 건 대단한 일이다. 다만 오신채의 전통을 잘 지키고 있는 데 반해 그 정체가 무엇인지, 어떤 이유에서 금지하고 있는지를 정확하게 정리해 두었다면 좋았을 텐데 그러지 못했던 것 같아 아쉽다. 지금 우리가 지키고 있는 오신채의 종류가 정말 맞는지 확실하게 확인해 줄 수 있는 사람은 아무도 없다. 예전부터 그랬으니 그렇게 할 뿐이다. 이제라도 오신채를 조금이라도 더 확실하게 연구하고 정리할 필요가 있다는 게 나의 생각이다.

더불어 한국불교 역사에서 처음으로 사찰 음식 전문점을 내고 운영해 온 입장에서는 일반인에게까지 오신채를 금지하는 게 과연 맞는지 의문이다. 물론 오신채는 그 나름의 기능이 있을 것이다. 예를 들어 강렬한 향과 맛은 채식보다는 육식의 누린내를 없애는 데 효과적이다. 감칠맛을 더하는 것도 오신채로 분류하는 작물의 특징이다. 그러나 출가자나 수행자가 아닌 일반인은 오신채를 뺀 음식이 익숙하지 않다. 내가 운영하고 있는 산촌이 오신채를 사용해서 손님에게 내주는 이유다. 당연히 오신채를 빼고 요리하길 원하는 사람에게는 그렇게 해 주고 있다. 그것이 원래 사찰의 후원에서 만들던 음식이기에 그렇게 하는 것이 맞을 것이나 오신채가 빠진 밋밋한 맛이 낯선 사람들에게도 완충지대는 필요하다. 그게 처음 산촌이 해야 할 역할이라고 판단했다. 오신채를 무조건 빼고 요리하는 사찰 음식 전문점이 존재하는 것도, 적절히 가미해서 사찰 음식을 즐기고자 하는 사람에게 그 나름의 맛을 전하는 것도 모두 필요하지 않을까. 사찰 음식의 진가는 그 안에 담긴 정신에 있으니 말이다.

5

한국사를 관통한
영욕의 식문화

: 국가의 비호 아래 성장했던 불교

기록상으로 한반도의 불교 전래는 372년(소수림왕 2년)이다. 이는 고구려에서 불교가 공식 공인된 시기다. 이로부터 불과 14년 후인 384년(침류왕 1년)에는 백제에서도 불교를 받아들인다. 신라는 많이 늦은 편이다. 527년(법흥왕 14년)이 되어서야 비로소 불교를 공식 인정한다. 고구려의 공인 이후 155년 만의 일이다. 여기서 주목할 점은 한국불교가 도

　　　　　　　　　　사찰 음식은 없다

입부터 모두 왕실의 공인을 받았다는 사실이다. 이는 국가 차원에서 불교를 받아들이고 국가이념으로 삼았다는 의미다. 불교가 가지고 있는 가치를 그만큼 중요하게 보았다고 풀이할 수 있다.

결론만 보면 위에서 아래로 퍼뜨리는 식으로 불교가 이 땅에 자리 잡은 셈이다. 그러나 이미 불교는 중국에서 유입돼 있었을 가능성이 크다. 민간에서 먼저 받아들이고, 지배계층의 공인으로 공식 인정했다고 보는 게 맞을 것이다. 문화란 그런 것이다. 아무리 막으려 해도 스며들고 차오른다. 해로운 것은 도태되고 유용한 것은 받아들인다. 살아 있는 씨앗처럼 문화는 그렇게 자생해서 싹을 틔우고 꽃을 피운다.

왕실에서도 그런 민중의 움직임을 보았을 것이다. 시간을 두어 지켜보고 그 필요성에 공감한 결과가 불교의 공인으로 이어지지 않았을까. 민간의 변화를 감지하고 왕이 대외에 공표할 때까지 중국 내에서 불교가 어떻게 퍼졌는지, 어떤 역할을 했는지의 흐름도 확인했을 터. 여러 면을 고심한 끝에 불교를 선택하는 결과로 이어지게 됐다.

그 뒤로 불교는 오랫동안 한반도의 통치이념으로 기능

했다. 고려의 깃발이 내려가고 유학을 새로운 사상적 토대로 삼아 조선이 건국될 때까지, 국가에서는 불교를 장려했다. 곳곳에 사찰이 세워졌고, 스님들은 대중을 교화하며 나라를 평안케 하는 디딤돌 역할을 했다.

이제 사찰의 음식문화로 이야기의 방향을 돌려보자. 종교가 발달하면 여기에 따른 식문화도 따라서 발전하기 마련이다. 더구나 왕실에서부터 숭상하고 따랐으니 그에 맞는 한반도만의 사찰 음식문화도 존재했을 가능성이 높다. 여러 문헌에서 보이는 불교 관련 기록이 이에 대한 가능성을 뒷받침해 준다.

《삼국유사》 권44의 〈거칠부〉편에 나오는 내용이다. 때는 551년(진흥왕 12년), 신라에서는 고구려의 승려 혜량이 귀화하자 그를 승통으로 삼았다. 그리고 백좌강회(百座講會)를 연다. 백좌강회는 글자 그대로 100명이 모여 설법을 듣는 자리다. 백고좌회라고도 한다. 이는 국가 차원의 행사였다. 고위급 인사들이 참여하는 자리라는 말이다. 당시 그 정도의 인원이 모였다면 이는 대규모의 법회였다는 걸 의미한다. 왕족과 함께 국가를 운영하는 인사가 100명이나 모였다는 건 불교를 향한 관심이 얼마나 지대했는지 보여주는

사찰 음식은 없다

단면이라 하겠다.

　백좌강회는 일회성 행사가 아니었다. 수시로 열렸고 그 때마다 승려에게 공양을 올리는 수순으로 이어졌다.《삼국 유사》에서는 이를 반승(飯僧)이라고 적고 있다. 반승은 오늘 날의 대중공양과 같은 개념이다. 인도의 초기불교 시절, 출 가자에게 공양을 올리는 청식(請食)이라는 문화가 존재했 다. 출가자에게 공양을 올리는 일은 큰 공덕을 짓는 일이었 다. 중국에서도 청식과 유사한 문화가 생겨났고, 이것이 한 반도에까지 이어진다. 그것이 반승이다.

　역사의 시계바늘이 고려로 넘어가면 불교는 훨씬 더 중 요한 문화자산이 된다. 역시 국가 차원의 지원을 등에 업고 융성했고, 불교문화는 절정을 이룬다. 이런 면모를 엿볼 수 있는 장면 또한 반승과 관련된 기록이다.《고려사》의 현종 9년과 관련된 기사를 보자. '반승십만'이라는 문구가 나온 다. 십만 명의 승려에게 반승을 행했다는 의미인데, 그 숫자 가 정확한지는 확신하기 어렵다. 사실이었다면 단일 행사 규모로는 엄청난 규모다. 기록상으로 부풀려진 것이라고 해도 최소 1만 명 단위 정도는 되지 않았을까 싶다. 역시 이 는 국가적 차원의 행사이기에 가능한 일이다. 또 왕이 직접 주관했다는 것도 미루어 짐작할 수 있다. 《고려사》에는 이런 식으로 반승을 행했다고 공식적으로 언급하는 횟수가 140회가 넘는다. 반승은 고려에 있어 매우 중요한 국가적 이벤트였고, 이는 고려 왕조에게 불교가 얼마나 중대한 위치를 차지했는지를 보여주는 방증이라고 하겠다.

：민중의 중심에서 산사로 옮겨간 조선불교

고구려에서 시작한 불교는 고려시대 말까지 국가의 비호를 받으며 성장했다. 국가를 운영하는 지배이념이었고, 그래서 왕이 직접 개최하는 법회나 행사도 많았다. 이런 자리에서는 반승이라는 대중공양도 함께 이루어졌다. 때로는 100명, 기록상으로 최대 10만 명을 대상으로 행했으니 이를 감당하기 위해서는 걸맞는 시스템을 갖추어야만 했을 것이다. 조리 기술과 식문화가 발전할 수밖에 없는 배경이다. 현대 사회는 그때와 비교하면 모든 면에서 비교할 수 없을 만큼 진화했고 조리 기술도 최첨단의 수준에 이르렀다. 그럼에도 저 정도의 대규모 인원이 먹을 음식을 준비한다는 건 쉽지 않은 일이다. 불교의 식문화가 상당한 수준에

사찰 음식은 없다

이르렀을 것으로 추정하는 이유다.

안타까운 건 역시 이에 대한 기록이 전무하다는 점이다. 그 옛날에도 음식과 관련한 기록을 남기는 것이 금기시되었는지는 모르겠다. 하지만 반승과 같은 엄청난 대중공양을 국가 차원에서 할 정도였다면, 단순히 구전만으로는 쉽지 않았을 듯하다. 그래서 혹여 그와 관련한 기록이 분명 존재하지 않았을까 상상해 본다. 역사의 변곡점에서 사라진 것은 아닐까 생각하면서. 만약 그런 문헌이 존재했었다면 지금에 와서는 참으로 애석한 일이다.

그럼에도 그 시대의 음식이 어떤 식이었는지는 대략적으로나마 추측이 가능하다. 가장 확실한 건 채식 위주의 식단이었을 거라는 점. 이것은 불교가 한반도로 유입되는 창구가 된 중국불교를 보면 알 수 있다. 인도불교의 음식 전통은 중국으로 건너오면서 음식과 관련한 계율이 훨씬 엄격해졌다. 중국에 불교가 들어간 것은 1세기경으로 보고 있다. 불교를 받아들이는 과정에서 중국불교 고유의 체계가 만들어졌다. 인도와 중국 간의 정서, 제도, 문화 등 여러 면에서 차이가 있었기에 이는 필연적이었다. 음식에 대한 부분은 구마라집과 같은 여러 승려들이 인도의 경전을 한역으로 옮기면서 율장이 전해졌고, 그 이후 본격적인 차이가 벌어지기 시작했다. 중국에서 확고하게 자리를 잡기 시작한 대승불교는 육식을 철저하게 배제했다. 이는 6세기 양무제가 승려의 음주 및 육식을 금하는 칙령을 내리면서 더욱 공고해졌다.

음식의 저장과 요리에 관한 규정도 인도와 중국의 주요한 차이 중 하나다. 인도에서는 부처님 재세 시부터 음식의 저장을 금지해왔다. 이는 당시 인도의 수행문화이기도 했다. 반면 중국에 불교가 전해진 뒤로는 사찰을 중심으로 한곳에 정주하는 것이 보편적이었다. 시간이 흐를수록 경내 인원도 늘어났다. 그 많은 인원을 위한 공양을 준비하기 위해서는 사찰이 자급자족하는 게 중요해졌다. 음식의 저장 및 직접 조리는 당연지사다. 더불어 양 무제 이후로는 육식을 하지 않는 채식 위주의 식단이 사찰 식문화의 근간이 됐다. 지금의 사찰 식문화를 보면 이런 중국불교의 특징이 한국불교에도 고스란히 이식됐다는 걸 알 수 있다.

정확히 어떤 음식을 해 먹었는지는 알 수 없다. 다만 반승과 같은 문화가 있었고 고승을 우대하는 사회적 분위기상 중요한 자리에서는 결코 소박한 음식만을 내지는 않았을 성싶다. 처음에는 소박했을지 모르지만 고려시대에 이르러 '귀족불교'라 평가받던 시대에는 그렇지 않았을 가능성이 크다. 물론 승가 내부에서도 이런 분위기를 경계하려는 움직임이 있었다. 출가자의 본분으로 돌아가자는 보조 지눌의 정혜결사가 이를 보여준다. 그는 '정혜결사문'을 반포하면서 고려불교의 모순을 지적한다. 1190년을 전후한 당시의 승가가 어떤 모습이었는지를 짐작하게 하는 부분이다.

《고려사》에 나오는 기록을 보자. 1010년 비구·비구니가 술 빚는 행위를 금지한다는 구절이 눈에 띈다. 이후 1027년에 양주의 사찰에서 무려 360여 석의 쌀로 술을 빚어 규정을 위반했다는 기사가 나온다. 계와 율을 목숨처럼 여기고 승가 공동체를 유지하기 위해 규정을 지키는 게 중요한 출가자들이 직접 술을 빚었던 것이다. 기록으로 남은 게 이런 정도라면 전국에 걸쳐 출가자의 일탈행위는 훨씬 심각했으리라 추정할 수 있다. 이런 배경에는 사찰이 자급자족할 수 있도록 국가가 내어준 사원전이 있다. 사찰에서는 그 땅에서 경작을 하고 여기서 나온 것을 기반으로 규모의 경제를 만들 수 있었다. 결국 승가가 부를 축적하면서 여러 폐단이 발생하게 된 것이다. 이는 고려 말에 이르러 불교에 대한 반감을 키웠고, 유교를 기반으로 하는 신진사대부의 득세로 이어졌다.

자정 능력을 상실한 승가를 바라보는 새로운 시대의 시선은 따가웠다. 그나마 조선 전기까지는 사정이 좀 나았다. 조선의 왕실은 아직 불교에 호의적이었다. 의례를 비롯한 일련의 기능이 있었기에 일정 정도의 지원을 받기도 했다. 그러나 시간이 지날수록 점차 수탈의 대상이 됐다. 조선 후기로 갈수록 도심 안팎에서 민중과 긴밀하게 어울려 살던 사원은 산속 깊숙한 곳으로 쫓겨 올라갔다. 이때 형성된 식문화의 형태가 지금까지 이어지고 있다고 볼 수 있다.

∶ 고관대작들이 열광했던 사찰의 음식

늘 궁금한 건 그때 그네들은 무엇을 먹었는지 하는 점이다. 산사의 생활에서 주를 이루는 건 역시 나물류와 버섯 정도이었을 테다. 신도들이 함께하는 기도 날이면 떡도 제법 올라왔을 법하다. 조선에 들어서면서 사찰 내 경제 사정은 그리 풍요롭지 못했다. 이는 고려의 패망 이후 예정된 수순이었다. 대신 당시 사찰에서 먹었을 여러 사찰 음식 중 분명하게 알 수 있는 한 가지는 두부다. 사찰의 두부는 고려시대부터 기록이 보인다. 고려 말의 대학자 이색은 《목은집》에서 만두와 두부의 자태에 찬사를 아끼지 않는다.

"공양은 단월(사찰이나 승려에게 보시하는 신도)이 스님께 올리는 게 당연하다. 헌데 산사의 스님이 속인을 대접하니 놀랄 일이다. 만두는 흰 눈과 같고 두부는 향기로우니 여러 생의 두터운 인연을 어찌 우연이라 할 것인가."

육식을 금하는 출가자 사회에서 두부는 매우 훌륭한 단백질 공급원이다. 재료가 되는 콩은 만주와 한반도 일대를 원산지로 한다. 이미 삼국시대부터 콩을 발효시켜 장을 담가 먹었다는 기록도 있다. 이런 콩을 이용해 두부를 만들어 먹는 문화는 중국의 전한시대의 기록에 최초로 등장한다. 회남왕 유안이 학자들을 모아서 만든 《만필술》에 제조법이 나온다. 이색의 글로 보건데, 아마도 이런 중국의 두부 제조법이 최소한 고려시대 말에는 한반도에도 확실하게 전래되어 있었다. 고기 대신 두부를 주로 먹던 사찰은 직접 만들기도 했는데, 조선시대에 들어서는 두부를 만들어 궁에 진상하는 조포사의 역할을 하기도 했다. 그만큼 사찰은 두부를 많이 소비하는 곳이기도 하거니와 그만큼 두부를 잘 만드는 곳이라는 걸 보여주는 면모다.

사찰이 조포사의 역할을 했다는 건 가히 좋게만 볼 일
은 아니었다. 고려시대까지만 해도 경전 연구와 선 수행의
중심지를 5교 9산이라 부르고 그 아래 각양각색의 종파가
존재했다. 그러나 조선에 들어서면서 불교는 본격적인 수
난의 시기로 접어든다. 조선의 4대 왕 세종 당시 정치 세력
은 불교의 그 많은 종파를 선종과 교종으로 묶어버렸다. 스
님을 대하는 것 역시 이전과 비교할 수 없을 만큼 혹독했으
며, 사원경제는 무너져 내렸다. 결국 사찰은 그 시대에서 살
아 남기 위해 공물을 바쳐야 하는 신세가 됐다. 사찰 내에서
소비하는 온갖 나물류가 주요 공물이었다. 그중에서도 두
부는 사찰을 대표하는 음식으로 자리 잡았다. 절에 조포간
을 두거나 아예 왕릉을 지키는 능침사찰로서 왕실 제사에
올릴 두부를 만드는 조포사로 지정되기도 했다.

　　북한산 진관사는 이런 조포사로서 서오릉의 창릉과 홍
릉에 두부를 만들어 올렸다. 개중에는 두부를 전문으로 만
드는 조포승도 존재했다. 그만큼 두부는 사찰에서 만드는
음식이라는 인식도 자리 잡고 있었다. 아무나 만들 수 없고
쉽게 맛볼 수 없는 것이어서 두부는 고관대작들에게 인기
가 좋았다. 두부를 맛보기 위해 사찰 문을 두드리는 이가 많
았다. 유학자들이 남긴 여러 문집에는 사찰에 두부를 청했

다는 글귀가 보이고 절에서도 기꺼이 그네에게 두부를 비롯한 여러 먹거리를 보내기도 했다.

사찰의 음식 중 빼놓을 수 없는 것이 또 있다. 차(茶)다. 차는 사찰에서 가장 많이 소비하는 음료다. 한국불교에서 차와 관련한 내용은 고려시대의 팔관회에서도 등장한다. 이때는 중요한 불교의례에 차를 공급하는 다방(茶房)이 별도로 존재했다. 그만큼 사찰에 있어 차는 중요한 존재였다. 불교에서 차를 중요시한 것은 다도가 단순한 음료를 마시는 행위가 아니었기 때문이다. 이는 그 자체로 수행의 방편이기도 했다.

본격적인 차 문화가 형성된 것은 당나라 때로 보고 있다. 당은 불교가 성행했던 시기, 당시 육우라는 인물이 안녹산의 난을 피해 강남 지역으로 떠났다. 그곳에서 그는 차밭을 보고 연구를 시작했다. 좋은 차를 선별하는 방법과 이에 어울리는 물을 찾았고, 이런 내용을 《차경》에 집대성했다. 이는 불교에 영향을 미쳐 수행자가 차를 마시는 관행이 만들어진 것으로 알려져 있다.

한국의 다도는 초의선사가 정립했다고 보는 시각이 많다. 해남 일지암에 머무르던 그는 선과 차의 관계를 '다선

일미'로 완성했다. 차 안에 부처님의 진리와 선 수행의 희열이 모두 녹아 있는 게 요지다. 그는 생전에 다산 정약용, 추사 김정희 등과 교류하며 차의 세계를 전했고, 이에 다산은 《각다고》를, 초의는 《동다송》을 각각 집필했다. 추사는 특유의 필치로 '명선(茗禪)'이라는 글씨를 남긴다.

이처럼 한국불교는 오래전부터 차를 늘 곁에 두고 마시는 문화가 있었다. 음료 역시 음식에 해당한다는 점을 감안하면 절대로 배제해서는 안 될 사찰 음식이라 하겠다. 차 이파리는 잘 덖어서 차로 마시기도 했지만, 부들부들하게 손질해서 찬으로도 만들었다. 곡우에 딴 차의 새순은 무척 보드랍고 고소하다.

한국불교의 사찰 음식은 오래전부터 다양한 문화를 형성하며 지금에 이른다. 다만 고대 삼국의 기록과 고려의 사찰에서 어떻게 먹고 마셨는지 전해지는 것이 많지 않아 아쉬울 따름이다. 유학이 대세를 이루고 산중으로 쫓겨난 조선 이후에는 결국 돌고 돌아 원래 출가자가 견지해야 할 식문화를 형성한 것이 아닌가 싶다. 소박하고 간결한 사찰의 음식은 지금에 와서 각광받고 있다. 사찰 음식이 가진 가치를 염두에 둘 때 현재의 흐름은 환영할 일이다. 다만 그 음

식에 담긴 의미와 가치가 무엇인지는 더 고민해 볼 필요가

있다.

제4장

사찰 음식이라 부를 만한 것

1

이 시대,
'사찰 음식'이라는 현상

: 후원 밖으로 나온 사찰의 식문화

실로 격세지감이다. 사찰 음식이라는 절의 음식문화가 가진 가치가 뛰어나다고 생각은 했지만 이 정도로 파급효과를 발휘할 거라고는 예상치 못했다. 이미 한국불교의 사찰 음식은 세계적으로도 잘 알려진 한국만의 식문화가 됐다. 이렇게 된 큰 계기는 넷플릭스다. 인터넷을 타고 누구나 손쉽게 찾아 볼 수 있는 다큐멘터리로 소개됐다. 이후로 폭발적인 관심이 일어났다. 그로부터 몇 년이 지난 지금, 한국을 찾는 외국인이 사찰 음식을 경험하고 싶어 하는 경우가 점차 많아졌다. 지상파 방송국에서 제작하는 외국인의 한국여행 프로그램을 산촌에서 찍고 싶다는 연락도 받는다. 출연자가 사찰 음식을 경험하고 싶다며 촬영이 가능한지 묻는다. 이런 일련의 상황을 보면서 비로소 사찰 음식이 국경을 넘어섰다는 걸 깨닫게 된다.

내가 〈산촌〉의 문을 연 것은 1980년이다. 절밥이라곤 부처님 오신 날 먹는 비빔밥 말곤 알려진 게 거의 없던 시절. 1970년대 초반 처음으로 세상에 출가자들이 절에서 해 먹는 음식을 강좌로 알리고 여러 매체에 소개한 덕에 소수의 사람만이 스님이 먹는 음식을 알고 있던 그때, 훌륭한 포교의 수단이 될 거라고 굳게 믿고 종단의 재가를 얻고자 했지만 크디 큰 상처만 얻었다. 마음이 쓰렸지만 상처 입고 쓰러질 수는 없었다. 다시 심신을 추스르고 후암동에 공간을 얻어 사찰 음식 전문점을 열었다. 조금이라도 세상에 이 음식을 알리고자 했던 작은 몸부림이었다. 아무것도 하지 않으면 아무 일도 일어나지 않는다고 했던가. 그 작은 움직임에서 지금의 사찰 음식 열풍이 시작됐다. 작은 나비의 날갯짓

이 수십 년의 세월을 거쳐 드디어 태풍처럼 불고 있다.

사찰 음식이 대중적인 관심을 받을 수 있다는 가능성을 처음 보았던 건 부산 대각사에서 열었던 강의에서부터였다. 처음에는 사찰 후원에서 만드는 청정한 음식을 보여주고자 했던 일이었지만, 내 생각보다 세간의 관심은 꽤나 컸다. 지역의 신문사에서 그때 소개했던 음식을 고정으로 지면에 실었다. 그리고 그 기록은 다시 서울의 유수한 잡지와 신문에 잇따라 소개되기 시작했다. 그런 일련의 과정에서 인연을 맺었던 매체 종사자들은 내게 또 다른 기회를 주었다. 그게 1981년, 나라의 격동기에 여의도광장에서 열린 '국풍81'이었다.

알려져 있다시피 국풍81은 다분히 정치적 배경을 깔고 있었던 행사이긴 하다. 우리 문화에 대한 젊은 세대의 관심을 고양하고 민족문화의 주체성을 고취하겠다는 의도로 열린 이 행사는 규모가 엄청나게 컸다. 전국에 숨어 있는 식문화를 소개하겠다는 의도도 깔려 있었다.

그때 세상에 처음 알려진 게 꽤 많다. 어느 날인가 KBS에 출연했던 때였다. 방송이 끝나고 방송국 국장이 내게 와서 제안을 건넸다. 국풍81에 참가해 보는 게 어떻겠느냐는 거였다. 행사장 내에 '팔도미락정'이라는 이름으로 팔도의 음식을 소개하는 공간이 서는데, 여기에서 산사의 음식을 보여주자는 이야기였다. 산사의 음식을 일반인이 만나기란 쉽지 않은 일이었을 테니 나름의 의미가 있겠다는 판단이 들었다. 고민 끝에 참가를 결정했다.

이야기를 들어보니 참가하는 곳 중 설렁탕을 파는 집은 도시에서 왔다고 '도촌', 어떤 냉면집은 북쪽에서 온 음식이라고 '북촌', 충무김밥 전문점은 남쪽의 음식이어서 '남촌' 하는 식으로 이름을 붙이고 있었다. 그런 의도의 일환으로 우리 음식은 산사의 것이어서 '산촌'이 됐다. 지금의 가게 이름은 그 당시 그렇게 정해졌다.

그때까지만 해도 우리는 후암동에서 막 1년 정도 된 신생 음식점에 불과했다. 그 어떤 경험과 기술 등, 모든 게 부족한 상황이었다. 더구나 이렇게 커다란 국가 행사에 공개적으로 나가는 건 쉽게 생각할 일이 아니었다. 걱정이 됐다. 그래서 행사가 열리기 전 한 달 동안 직원들과 모여서 회의를 반복했다. 결론은 우리는 어차피 남들과 다르니 아예 색다른 면모를 보여주자는 거였다. 대체로 행사에 참여하는 가게와 음식은 이미 세간에 잘 알려져 있고, 익숙한 종류였다. 새롭다고 느낄 만한 건 우리뿐이었다. 그래서 인테리어

부터 남들과 다르게 접근하기로 했다. 다행히 나는 미술적인 감각도 있는 편이어서 온갖 골동품을 활용해서 부스를 꾸몄다.

∶ 사찰 음식이 세상의 주목을 받던 날

모든 준비를 끝냈다. 마침내 행사가 시작됐다. 여기에 부스를 차린 식당의 면면이 워낙 대단했던 터라 긴장을 많이 했고 그만큼 준비를 철저히 하고자 했다. 그럼에도 의외의 상황이 벌어졌다. 팔도미락정에 들어온 사람들 모두가 우리 부스로 모여들었다. 다들 음식을 만들고 낼 준비만 했고, 인테리어에 큰 신경을 쓰지 않았던 것. 상대적으로 우리는 더 눈에 띌 수밖에 없었다. 그 모습을 보고 다른 부스의 사장들도 몰려들어 직원들에게 한마디씩 했다. 이거 보라면서, 얼마나 먹고 싶게 해 놓았냐, 이 집처럼 꾸며라. 전혀 예상치 못했던 일이었다.

입장이 시작되자 사람들이 엄청 밀리고 있다는 전언이 들려왔다. 굉장한 인파였다. 팔도미락정 쪽으로도 사람들이 들이닥치기 시작했는데, 여의도광장이 온통 새까맣게 보인다는 표현이 딱 어울릴 정도였다. 부스마다 사람들로 넘실거렸다. 그런데 다른 어느 곳보다도 우리 부스 쪽으로 더 많은 사람이 몰려들었다. 줄이 만들어지는데, 끝이 보이지 않았다. 요즘 '맛집'이라고 부르는 식당에 줄이 길게 늘어서는 것마냥, 한도 끝도 없이 이어졌다.

알고 보니 여기에는 이유가 있었다. 국풍81을 준비하는 과정에서 참가 부스마다 별도로 취재하고 방송으로 소개했다. 그중에서도 우리 음식이 워낙 특이하다 보니 특히 더 많은 분량이 할애됐던 것이다. 인터뷰도 나가고 설명도 길게 붙었다. 광고 효과를 톡톡히 본 셈이었다. 그 방송을 보고 사찰에서 인연을 맺었던 스님들이 찾아왔다. 안 그래도 '음식 잘하던 대웅 스님은 어떻게 지내나' 궁금해하던 차에 인터뷰를 보고 한달음에 찾아왔다고 했다. 그런 인연이 한둘이 아니었다. 심지어 오래전 함께 행자 생활을 했던 스님들도 그곳까지 오는 수고를 마다하지 않았다. 그 바쁜 와중에도 여의도까지 와준 스님들의 등장이 그렇게 고마울 수가 없었다.

하지만 오랜만에 보는 인연들에 기뻐하고만 있을 수는 없었다. 행사가 시작되자마자 심각한 문제가 벌어졌다. 당초 주최 측에서는 부스마다 3일의 행사 기간에 1000명분의 음식을 준비하라고 했던 터였다. 이마저도 다른 부스에서는 1000명이나 오겠냐고 코웃음을 치던 와중이었다. 그러나 오산이었다. 예상을 훌쩍 뛰어넘는 관람객이 연신 몰려드니 준비해 놓았던 재료는 몇 시간이 채 되지 않아 동이 나 버렸다. 팔도미락정의 부스 중에서는 우리만이 1000명이라는 숫자에 맞춰 재료를 준비했음에도 그랬다.

3일 내내 모자란 식재료를 공수하고 새벽부터 어마어마한 양으로 밥을 지었다. 그걸 아이스박스에 담아두고 비장한 마음으로 부스의 문을 열어도 오후 2시만 되면 이미 밥이 동나는 상황이 벌어졌다. 그 다음부터는 국수를 만들어 팔았다. 식재료만 문제가 아니었다. 가스를 대는 것도 일이었다. 워낙 엄청난 양의 음식을 시종일관 조리했던 탓에 가스를 수시로 갈아야 했다. 그 커다란 가스통도 연신 음식을 해 대니 얼마 가지 않아 통 외부에 성에가 끼어 버렸다.

이 모든 게 난생처음 겪는 일이었다. 식재료든 가스든 떨어지면 큰일이었다. 그나마 외부에서 공수해 오려고 해도 한번 나가면 워낙 인파가 많은 데다 그때만 해도 여의도 광장으로 들어오는 다리가 하나밖에 없어서 병목현상이

사찰 음식은 없다

벌어졌다. 다리를 나가는 것도 불가능했고, 나가면 들어오고 싶어도 들어올 수가 없었다. 우리도 난감한 지경이었는데 1000명분조차 준비하지 않았던 다른 부스는 어떤 상황이었겠는가. 그네는 일찌감치 장사를 접어야만 했다. 그런 상황이 속출했다. 당연히 재료를 비교적 넉넉히 가지고 있었던 우리에게로 사람이 더 몰릴 수밖에 없었다. 그날은 말 그대로 사찰 음식이 처음 세상의 주목을 받는 날이었다.

：국내를 넘어선 관심

국풍81이 열린 그 3일간은 정말 수시로 해결해야 할 난제가 이어지는 전쟁터였다. 눈코 뜰 새 없다는 걸 넘어 도대체 들어오는 돈이 얼마나 되는지도 확인할 겨를이 없었다. 그냥 들어오는 돈을 보따리에 담아서 집에 가져다 둘 뿐이었다. 행사가 끝나고 세기조차 버거운 그 돈을 일일이 세고 계산했는데, 실로 어마어마한 금액이었다.

나도 직원들도 모두 녹초가 되어 버렸다. 모든 일정을 끝내고 누웠는데 괜히 기분이 좋아졌다. 후원에서 음식을 하면서 내가 보았던 절밥의 가능성을 본 것 같았다. 한편으로는 해인사에서 보냈던 후원의 생활이 떠오르기도 했다. 그 치열한 현장에서 오랜 시간 손에서 손으로 이어져 온 음식. 그걸 온몸으로 배우느라 보냈던 시간. 대중은 분명히 이 음식에 관심을 보일 것이라는 내 판단은 틀리지 않았다. 이 음식이라면 불교에서 말하고자 하는 걸 쉬이 전할 수 있을 거라고 보았다. 오관게를 더한 식문화까지 이어진다면 더없이 훌륭하겠지만, 아직은 시기상조다. 그렇다면 먼저 건강한 음식문화로 접근할 필요가 있었다. 그걸 하고 싶었다. 세상에 이 훌륭한 식문화를 보여주고 싶었다. 1979년, 종단에서는 그런 내 제안을 받아들이지 않았지만, 그게 가능하다는 걸 국풍81에서 내가 직접 내 손으로 보여주었다는 마음이었다. 후련하기도, 또 씁쓸하기도 한 밤이었다.

그 뒤로 사찰 음식에 대한 세상의 관심은 날로 커졌다. 시간이 흐를수록 찾아오는 매체가 많아졌다. 후암동에서 시작한 산촌이라는 이름의 사찰 음식 전문점은 인사동으로 자리를 옮겼고 동네가 동네인 만큼 세간의 관심은 더 커졌다. 1986년 아시안게임과 1988년 서울올림픽을 즈음해서는 이제 국내 매체만이 아니라 해외에서도 사찰 음식에 관심을 가지기 시작했다. 〈디스커버리〉, 〈샌프란시스코 클

로니클〉 같은 매체가 서울을 소개하면서 산촌을 찾아왔다. 육고기가 들어가지 않고 오로지 산채와 곡물만으로 만드는 음식이라는 걸 주목한 〈베지테리언 타임스〉도 우리의 음식을 처음으로 알려주었다. 아시아 매체들도 오직 한국에만 남아 있는 사찰 음식이라는 문화, 그리고 이 음식을 직접 만들고 먹어볼 수 있는 산촌이 있다는 걸 신기하게 바라보았다. 〈아시안 월스트리트저널〉 같은 곳이 그런 관점에서 '아시아 탑10 레스토랑'에 산촌의 이름을 올려주었다. 지금 넷플릭스를 통해 사찰 음식에 대한 관심이 폭발했다면, 그때는 처음으로 세계에 사찰 음식이라는 존재를 알렸던 때였다. 후원에 구전으로 전해지던 조리법을 모아서 기록하고 대중에게 알릴 필요가 있다고 목소리를 높였던 나의 노력이 헛되지 않았음을, 나는 그렇게 온몸으로 체감하고 있었다.

2

사찰 음식이라는 이름의 무게

: '산중요리'라 부르던 것

    사찰 음식, 영어로는 'temple food'라고 지칭하는 그 이름이 국내외에 널리 알려진 상황이지만 이 이름의 유래를 아는 이는 거의 없다. 절에서 먹던 음식문화, 그리고 그 음식 하나하나를 통칭하는 '사찰 음식'이라는 이름은 과연 어떻게 태어났을까? 그건 1970년대 후반으로 거슬러 올라간다.

사찰 음식은 없다

아무도 사찰의 음식에 주목하지 않았던 시절, 부산 대각사에서 처음으로 사찰의 음식을 강의로 소개한 이후 비로소 세상에 그 존재가 드러나게 되었다. 기존에 알려지지 않았던 이 음식문화는 지역의 미디어에서부터 주목을 받았다. 간략한 레시피를 소개하는 식으로 조금씩 이 음식을 알렸다. 이를 보고 점차 서울에서도 사찰 음식을 소개하고자 하는 움직임이 일기 시작했다. 그렇게 조금씩 내가 기록해 두었던 사찰 후원의 음식들을 세상에 내어 놓았다. 당시만 해도 내가 소개하는 음식은 이를 통칭하는 별다른 이름이 없었다. 사찰에서 먹는 것이었지만, 고유명사가 정해지지 않은 상황이었다.

임의로 붙인 이름은 '산중요리'였다. 산중 사찰에서 먹는 것이고, 그때는 궁중요리가 세간의 관심을 받던 때여서 이를 차용한 거였다. 부산 대각사 강의 때 처음으로 사용했는데, 반응도 썩 괜찮았다. 이후로 산중요리라는 이름은 1980년 즈음까지, 꽤 오랫동안 사용했었다. 대각사 강의 소식과 함께 강의에서 공개한 일부 레시피를 수록한 부산일보 기사에도 '산중요리'라는 이름으로 기록돼 있다.

산중요리라는 이름을 바꿔야겠다고 생각한 건 한참 지

난 후였다. 어느 날 문득 '청요리', '양요리'라는 명칭이 눈에 들어왔다. 청요리는 지금의 중국요리를 뜻했고, 양요리는 서양식 요리를 말하는 거였다. 그때 내가 붙인 '산중요리'라는 이름이 어딘가 맞지 않는다는 생각이 들었다. 청요리나 양요리는 겉보기에도 화려하고 굉장히 고급 음식의 이미지가 있었다. 하지만 산중요리는 소박하고 자연에 가깝게 조리하는 것이었기에 완전히 대척점에 있는 음식이다. 자칫 출가자의 음식문화가 오도될 수도 있겠다는 판단을 했다. 그렇다고 이를 대체할 뾰족한 아이디어가 떠오르는 것도 아니었다.

: 요리라기보다는 '음식'이기에

언제나 그렇지만 물꼬를 트는 일은 생각지 않았던 지점에서 시작한다. 1981년의 일이었다. 잊혀지는 우리의 전통문화에 대한 관심이 막 일던 시절이었다. 이에 중앙일보와 이제는 사라진 TBC가 공동으로 주최한 '전통음식 발굴콘테스트'라는 행사가 열렸다. 범어사를 비롯한 전국 곳곳의 사찰의 후원에서 익힌 음식을 세상에 소개하고 싶었던 나는 그 대회에 참가하기로 했다. 더없이 좋은 기회가 아닌가. 취지까지 완벽했다. 내가 그간 배운 모든 것을 보여주리라 다짐하고 그 자리에 임했다.

그 대회의 심사위원 중 한 명은 궁중음식 전문가 고 황혜성 교수였다. 그는 해방 이후 국가무형문화재 '조선왕조 궁중음식'의 전승자였다. 1942년부터 30년 동안 조선왕조의 마지막 주방 상궁이었던 한희순으로부터 궁중음식을 전수받았던 분이다. 궁중음식 역시 사찰의 후원처럼 모든 음식의 조리법을 구전으로만 후대로 전해왔다. 이런 면은 사찰 음식과도 매우 유사하다. 일제 강점기, 이 땅에 식민지 사관이 자리 잡으면서 총독부는 여러 면에서 조선의 문화를 지우는 데 혈안이 되어 있었다. 당연히 조선왕실의 음식 생활사를 보존하는 것 따위는 안중에도 없었다. 그런 시대에 황혜성 교수는 조선의 마지막 상궁에게 직접 모든 조리법을 전수받아 지금까지 이어지게끔 가교 역할을 한 것이었다. 사찰의 음식문화를 알리고 보존하고 싶어 했던 나와는 잘 맞을 수밖에 없었다. 더구나 황 교수에게 새롭게 등장한 사찰 음식은 흥미로운 보고나 다름없었다.

사찰의 음식과 궁중의 음식은 비슷한 듯 달랐다. 왕을

위해 만들던 궁중음식은 복잡한 조리법과 화려하고 다양한 맛을 간직했지만, 사찰 음식은 재료 본연의 맛을 살리기 위해 최대한 간결한 조리법을 고수한다. 황 교수뿐 아니라 그 대회에 참여한 모든 이에게 사찰의 이런 조리법은 아주 신선하게 다가갔다. 내가 선보인 음식은 대회 관계자의 이목을 집중시켰고, 그 결과 대상의 영예를 차지할 수 있었다. 나에게는 다시 한번 사찰의 음식문화가 가진 가치를 재확인하는 자리이기도 했다.

대회 참가를 인연으로 황 교수와는 오랫동안 교류를 가졌다. 그에게서 참 많은 것을 배울 수 있었다. 감사한 일이다. 그즈음 내가 품고 있던 가장 큰 짐이었던 '산중요리'라는 이름에 관한 고민도 황 교수에게 털어놓았다. 그는 진지하게 내 이야기를 들어주었고, 청요리나 양요리 같은 다른 종류의 음식의 명칭이 가진 화려한 이미지가 사찰의 음식문화에 덧입혀질 수 있는 우려를 공감해 주었다. 이어서 그는 사찰에서 먹는 음식이니 '사찰 음식'이라고 부르면 어떻겠느냐는 의견을 냈다. 듣는 순간 눈이 번쩍 뜨이는 이름이었다. 그 이후부터 산중요리는 '사찰 음식'이라는 새로운 이름을 가지게 됐다. 우리가 알고 있는 사찰 음식이라는 이름이 탄생하게 된 배경이다.

∶ 각국 사찰 음식의 이름, 그 안에 담은 뜻

원래는 흔히 절밥이라고 부르던 음식이었다. 사찰 후원에서 출가자가 직접 키우고 만들어 먹던 이 식문화의 명칭이 무엇이냐 하는 문제는 그 무게가 결코 가볍지 않다. 이름은 그 정체성을 드러내기 때문이다. 사찰 음식이라는 단어는 직관적으로 이 음식이 절에서 먹던 것임을 드러낸다. 하지만 산중요리는 달랐다. 산중에서 먹던 음식. 명확하게 출가자의 문화라는 걸 알기는 어렵다. 출가자의 음식임을 드러낼 필요가 있다고 보는 건 그 안에 담긴 철학의 깊이가 남달라서다. 이를 단적으로 보여주는 것이 같은 대승불교권인 동북아시아의 사찰 음식에서 단적으로 나타난다.

우리가 발우공양을 비롯한 사찰 후원의 문화를 물려받은 중국의 경우 절집의 음식을 '소식(素食)'이라고 부른다. 이 단어를 글자 그대로의 뜻을 풀어볼 때는 육식을 배제한 채식을 의미한다. 오래전부터 고기를 쓰지 않는 음식이 곧 사찰을 중심으로 발달했다는 사실을 극명하게 보여주는 이름이라고 하겠다. 실제 중국에서 먹는'소식'은 채소 중심의 식단으로 이루어져 있다. 다만 그 종류는 무침이 드물고 데치거나 볶아낸 것이 많다. 이는 중국 거의 대부분의 지역에서 식수로 사용하는 물에 석회질이 많은 데에서 기인한 결과다. 석회질이 많은 물로 키운 작물은 그대로 식용하기에는 아무래도 무리가 있다. 그래서 열을 가해 데치거나 기름에 볶는다. 이는 비단 소식뿐 아니라 일반 가정집이나 레스토랑의 음식도 마찬가지다.

중국의 소식에서 찾아볼 수 있는 또 하나의 특징은 콩고기의 사용이 두드러진다는 점. 이것은 그리 오래된 문화는 아닌 것 같다. 콩고기라는 것 자체가 개발된 지 그리 오래되지 않았다. 콩의 식감과 단백질을 적극 활용해서 고기처럼 가공한 것을 요리에 쓰는 셈인데, 실상 이는 불교의 교리와도 맞지 않다. 진짜 고기를 먹지 않음으로 계율을 지킨다고 생각할지는 모르나 고기에 대한 욕망을 버리지 못하고 대체품으로 달래는 행위인 탓이다. 그래서 아마도 현재 소식이라 부르는 중국의 사찰 음식은 사찰 자체에서 유래한 문화라기보다는 일반인이 채식을 상품화하는 과정에서

사찰 음식은 없다

형성된 것으로 봐야 할 것 같다.

　타이완의 경우 중국과 대동소이한 요리 방식과 형태를 보여준다. 그나마 타이완은 불광산사, 자제공덕회 같은 주요 사찰 및 기관을 중심으로 비교적 계율에 맞는 음식문화를 유지하고 있는 편이다. 하지만 발우공양의 경우 한국불교가 오래전의 방식을 거의 변함없이 유지하고 있는 것에 비해 조금은 느슨하거나 변화한 면모가 느껴진다. 우리만큼 발우공양을 철저히 지키고 있지는 않다는 뜻이다. 콩고기의 사용 빈도가 본토에 비해 낮은 편이긴 하지만, 콩고기의 종주국이라고 해도 과언이 아닐 만큼 발달해 있다. 10여 년 전까지만 해도 상당량의 콩고기가 타이완에서 만들어져 중국 본토로 들어갔다. 수요가 늘어날수록 그 종류도 다양해져서 이제는 쇠고기, 돼지고기, 닭고기는 물론이고 부위별 고기의 식감과 외형까지 거의 그대로 만들어낸다. 타이완은 햄이나 소시지 가공이 아주 발달한 국가여서 콩고기를 이용한 햄, 소시지도 그 종류가 어마어마하다. 심지어 육포까지 콩고기로 만들 지경이다. 중국 본토와 타이완의 이런 소식 문화는 해외의 중화권 국가나 화교 커뮤니티에도 그대로 전해져 이제는 중국의 소식 문화가 상당히 정착

했다고 봐도 무방할 듯하다.

　한국과 중국으로부터 매우 적극적으로 불교를 받아들인 일본에도 당연히 사찰 음식이 남아 있다. 일본에서는 '정진요리(精進料理)'라고 부른다. 출가자가 수행하면서 먹는 요리라는 뜻이다. 일본불교 역시 치열한 수행 정진을 강조한다. 교토의 히에이잔 엔랴쿠지의 경우 한겨울 용맹 정진 기간에는 수행자의 발톱이 빠져버릴 만큼 혹독하기로 유명하다. 고행의 수준이다. 이에 반해 수행자에게 제공하는 식사는 제법 정갈하고 단아하다. 밥 짓는 이의 정성이 단번에 느껴지는 구성이다. 다만 우리와 같은 발우공양은 하지 않는다. 1인 상에 밥과 국, 절임류와 두부 등을 각각의 그릇에 담아 함께 올려 낸다. 이는 가이세키라 부르는 일본의 정식과 크게 다르지 않다. '이치닌마에(一人前)'라 부르는 전형적인 일본의 식사 방식이다. 일본의 템플스테이인 '슈쿠보(宿泊)'를 운영하는 사찰에 가면 이를 체험할 수 있다. 특히 일본 정토종의 성지와도 같은 코야잔에 매우 활성화되어 있다.

　정리해 보면 중국을 비롯한 중화권은 사찰 음식에서 출

발한 채식의 식사 방식인 '소식'을 대중적인 상품으로 만드는 문화가 정착해 있다고 보면 될 듯하다. 발우공양과 같은 문화는 좀처럼 보이지 않고, 오로지 채식에만 집중하는 형태다. 일본은 전형적인 일본의 식사 방식을 사찰 내에서도 그대로 따르고 있는 모양새다. 수행자의 수행을 강조하되, 그 노고를 보상하듯 정성 가득한 한 상을 1인당 하나씩 차려서 내어준다.

여기에서도 볼 수 있듯이 이름은 그 문화의 특징을 함축적으로 보여준다. 1981년, 황혜성 교수와 맺어진 인연으로 '산중요리'에서 '사찰 음식'으로 명칭을 바꾼 것은 결코 단순한 일이 아니었다. 이는 산사에서 세상 밖으로 나아가는, 사찰 음식이 갈 길을 결정적으로 틀어주는 일대 사건이었다. 일상적으로 부르는 그 이름에 담아내고자 했던 의미를 곱씹어 볼 필요가 있다고 강조하고 싶은 건 그래서다.

3

전통 혹은
만들어진 것

: 그 많은 조리법은 어디서 왔나

사찰 음식에 대한 대중의 관심은 꾸준히 이어져왔다. 1990년대 국민의 전반적인 삶의 질이 점차 나아지고 매스 미디어의 발전이 정점을 찍을수록 사찰 음식이 노출되는 빈도 역시 늘어갔다. 1980년대까지만 해도 나 홀로 사찰 음식을 이야기했지만, 1990년대에 들어서며 하나둘 사찰 음식 전문가라고 부르는 사람들이 늘어갔다. 현상 자체는 나쁘지 않았다. 문제는 출처가 어디인지 알 수 없는 음식도 급격하게 늘어가고 있다는 점. 시대가 변하는 만큼 사찰 음식도 사회의 변화에 발맞춰 변화해야 한다는 걸 부정하는 건 아니다. 그러나 나무가 튼튼하기 위해서는 뿌리부터 견실해야 한다. 땅 아래로 뻗어나간 뿌리가 단단히 자리를 잡아야 나무가 건강할 수 있고 가지가 울창하게 뻗어나가기 마련이다. 줄기를 꺾어 꺾꽂이를 해서 새로운 묘목을 만드는 것도 원래의 나무가 건강해야만 가능한 일이다. 그런 의미에서 더 늦기 전에 지금의 나무가 어떤 상태인지 돌아볼 필요가 있다.

처음 사찰 음식을 세상에 알리고 그 속에 담긴 뜻을 전하고자 했던 입장에서 작금의 현실을 보면 심각한 우려를 금할 수 없다. 이게 정말 사찰 음식이 맞는지 의심스러운 것이 너무 많다.

매달, 매 순간, 지금도 하나씩 쏟아져 나온다. 1990년대 후반 이후 여러 사찰 음식 전문가가 등장해 각자의 활동을 시작했다고 해도 어림잡아 25년 이상. 그동안 수도 없이 많은 음식이 인쇄 매체의 지면을 장식하고 방송에서 모습을 드러냈다. 그 모든 걸 한 자리에 모아놓으면 대체 몇 가지나

될까? 수백, 수천 가지는 되지 않을까? 내가 궁금한 건 이거다. 이 많은 조리법은 도대체 어디서 나온 것이란 말인가? 30년 가까이 전국의 사찰 후원을 다니며 사계절 각각의 절마다 구전으로 내려오던 조리법을 모으고 기록해온 나는 이해가 되지 않는다.

더 심각한 문제는 그네가 소개하는 조리법이 불교의 음식 규정에도 맞지 않는다는 면이다. 대표적인 것이 채수다. 음식을 할 때 감칠맛을 살리고 더 풍부한 풍미를 더하기 위해 우리는 육수를 쓴다. 육수는 말 그대로 고깃국물이다. 고기를 넣고 푹 끓여서 깊은 맛을 내는 국물 베이스를 만들고, 이걸 이용한 요리를 하는 거다. 고기가 귀했던 시절에는 좋은 육수만 준비해도 맛있는 국이나 탕을 끓이는 게 가능했다.

살생의 계율이 엄격하고 고기 섭취를 금지하고 있는 불교의 특성상 육수는 어떤 상황에서도 절대로 써서는 안 된다. 그래서 이를 대체하기 위해 채수를 쓴다는 건데, 내가 아는 한 그 어떤 절에서도 채수라는 건 쓰지 않는다. 우선 맛을 더 살리기 위해 별도의 무언가를 더한다는 것 자체가 불교가 추구하는 바와 맞지 않다. 전술했다시피 '맛'은 출가자가 멀리해야 할 대상이다. 맛에 사로잡히면 집착을 낳는다. 맛있는 걸 갈구하는 욕망에 사로잡히기 때문에 사찰마다 후원에서는 조리법을 기록하지도 않았다. 최대한 담백하게, 미각을 자극하는 맛을 살리기보다 재료 본연의 맛을 살려 요리하라고 가르치는 것도 같은 이유다. 오죽하면 인도불교의 우주론에서는 맛에 대한 집착으로 우리가 살고 있는 이 욕계가 만들어졌다고 할까. 하물며 그런 절집에서 채수를 써서 음식을 한다는 건 맛을 살리기 위한 노력을 기울인다는 의미이고, 이는 사찰의 후원에서는 하지 말아야 할 원칙을 위배하는 일이다.

채수라는 게 왜 등장했는지에 대한 배경은 미루어 짐작이 된다. 사찰에서 생활하는 출가자와 일반 재가자는 다르다. 재가자는 맛있는 음식에서 벗어나기 어렵다. 절집처럼 순수하고 담백한 음식을 강요하는 것도 쉽지 않다. 그네를 위해 채수라는 걸 쓰는 방편을 소개한 것은 아닐까 조심스럽게 추측해 본다. 그러나 여기에는 반드시 원래 사찰 음식은 채수를 쓰지 않는다는 걸 함께 이야기하고 이를 각인시키는 과정도 필요하다. 전통의 것은 분명하게 알리고, 대중이 이를 직접 해 먹을 때는 채수를 써서 만드는 방법을 따로 알려주는 식으로 접근했어야 한다. 지금처럼 사찰 음식을 만들 때는 채수를 쓰는 게 상식인 것처럼 인지하게끔 해서는 안 됐다. 단언컨대, 이건 사찰 음식이 아니다.

：이건 사찰 음식이 아니다

문제는 여기서 그치지 않는다. 오미자로 곱게 색을 내어 국물을 만들고 여기에 국수를 삶아 넣어 차게 먹는 것, 국수 면발을 만들면서 시금치를 넣거나 재료를 치자로 물들여서 멋을 부리는 것, 이 모두 사찰 후원에서는 가르치지 않았던 음식이다. 근래의 사찰에서는 어떨지 모르겠으나, 최소한 1970년대 이전에는 없었다. 음식을 만들면서 더 예쁘고 보기 좋게 만들기 위해 멋을 부린다는 건데, 본질이 아닌 외관을 꾸미는 일은 출가자에게 맞지 않는 길이다.

이런 사찰 음식을 두고 세간에서도 의심의 눈초리를 보내는 일이 끊이지 않고 있기도 하다. 사찰의 정서와 사정을 아는 이 중 일부는 2000년대 초반부터 꾸준히 지금의 사찰 음식이 정말 사찰 음식이 맞냐는 의혹을 보냈다. 도리어 궁중음식에 가깝다고 봐야 하지 않느냐는 거였다. 조리법이나 조리 과정에서 볼 수 있는 모습이 산속에 묻혀 살며 최소한의 양념으로 가장 자연에 가까운 음식을 만들어 먹는 것과는 차이가 있다는 지적이었다.

한 유명한 음식칼럼니스트가 사찰 음식은 궁중음식, 반가 음식과 다를 바가 없다고 단언한 일도 있다. 시골집에서 흔히 먹던 반찬에 지나지 않는다는 것이었다. 그러나 그런 의견에 대해서 불교계는 지금까지 아무런 설명도, 해명도 없었다. 그러니 의혹은 끊이지 않는다. 물론 스님들이 해 먹는 음식이라고 하면 그만일 테지만, 정확히 무엇이 잘못된 것인지를 콕 짚어서 이야기하지 않는 이상 세밀하게 잘잘못을 따지는 건 어려웠을 것이다. 그러나 그 사이 사찰 음식에 부정적 인식의 그늘이 일정 부분 드리워진 것도 사실이다. 아쉬운 일이다.

물론 사찰 후원마다 내려오던 전통적인 조리법을 복원하려는 시도가 없었던 것은 아니다. 2010년대 초반이었던 걸로 기억한다. 정확한 시기는 기억나지 않는다. 그 당시 조계종에서 운영하는 한국불교문화사업단에서 전국의 사찰을 대상으로 사찰 음식 전수조사를 시행했던 적이 있었다. 꽤 오랜 기간에 걸쳐서 교구 본사를 비롯해 암자, 포교당까지 조사할 수 있는 거의 모든 사찰을 돌아다니며 과거 사찰 후원에서 만들었던 음식의 조리법을 모으려고 했었다. 그러나 결과는 많이 아쉬웠다. 세상에 드러나지 않은 사찰 음식을 찾아보겠다는 취지가 무색하게도 이렇다 할 발견은 하지 못했다.

도리어 그동안 사찰 내의 식문화 체계가 얼마나 무너졌는지만 확인하고 말았다. 그 즈음에는 이미 법납이 있는 출가자일수록 직접 음식을 해 먹기보다 공양주 보살을 두고 끼니를 해결하는 경우가 많았다. 이런 경향은 작은 사찰일수록 더 많았다. 1980년대 이후 그런 흐름이 지속적으로 확대되어 왔으니 당연한 일인지도 모른다. 심각한 것은 공양주 보살을 구하기가 갈수록 어려워졌다는 것. 그 자리에 중국에서 온 조선족이 들어왔다. 그네가 한국의 핏줄이라고는 하지만 평생 중국의 음식문화에 익숙해 있던 터라 중국처럼 볶음요리 같은 것이 밥상에 상당히 많이 올라왔다. 사찰 음식이 사라진 자리에 중국음식이 들어온 꼴이었다. 이런 사례가 속속 보고되는 상황이 이어졌다. 해당 사업과 관련된 지인에게 이런 일련의 이야기를 전해 듣고 놀랄 수밖에 없었다. 이를 폐해라 불러야 할 것인지조차 분간하기도 힘든 지경이었다. 참담하다는 말밖에 나오지 않았다. 사찰

사찰 음식은 없다

음식이 그 어느 때보다 주목받기 시작한 시기였으니, 겉으로만 번지르르하고 정작 내실은 없다고 하는 게 맞는 표현이었으리라.

: 상품화는 반드시 필요하다

개인적으로는 이때의 조사 과정이 더 아쉬울 수밖에 없었다. 1960~70년대 각 사찰마다 이어지던 조리법을 직접 기록한 장본인이 나인데도, 내 기록을 들여다보려는 이는 아무도 없었다. 이미 20~30년 이상 시간이 지나면서 어떻게 변질됐을지도 알 수 없는 허상을 찾아 헤매는 상황처럼 보일 뿐이었다. 그로부터 또 10년 가까운 세월이 흘렀다. 지금은 또 어떤 변화가 생겼는지 정확히 알기 어렵다. 과연 그때보다 더 나아졌을까?

그런 흐름이 만들어지는 동안 사찰 음식으로 전해야 할 것은 제대로 전해지고 있었는지도 생각해 볼 요소다. 사찰 음식이 무엇이냐고 묻는다면 대중은 뭐라고 답을 할까? 아마도 대다수의 사람들은 "절에서 먹는 건강한 채식"이라고 답을 하지 않을까?

과연 사찰 음식은 그게 다일까.

만약 그게 전부였다면 나는 그 오랜 시간 수많은 반대를 무릅쓰고 사찰 음식을 기록하지 않았을 게다. 사찰 음식은 세계 모든 국가를 통틀어서 유일하게 남아 있는 온전한 종교 음식문화다. 교리가 말하고자 하는 바가 음식을 조리하는 공간에, 조리법에, 음식을 먹는 방식에 오롯이 남아 있다. 음식은 허기만을 달래는 무언가가 아니다. 다른 생명을 취해 나의 생명을 살리는 방편이라는 인식. 이건 세상 어디에도 없는 공생의 철학이다. 그래서 자비의 음식이고 지혜의 음식이다. 사찰 음식을 먹을 때는 반드시 이 점을 뚜렷하게 인지해야 한다. 미안한 마음과 감사한 마음으로 신중하고 경건하게 임해야 한다. 조리부터 식사를 마치는 순간까지, 이 모든 것이 사찰 음식이어야 한다. 오래전부터 이어오는 이런 핵심은 빠져서도 안 되고 변질되어서도 안 된다. 이것이 명징해졌을 때, 그 다음부터는 얼마든지 응용도 가능해지고 확장도 가능해진다. 뿌리가 튼튼하기 때문에 수도 없이 많은 꺾꽂이가 이루어져도 문제가 없다.

꼭 짚고 싶은 것은 나는 사찰 음식의 상품화를 반대하는 게 아니라는 점이다. 나 역시 세상으로 나와 사찰 음식을 알리기 위해 식당을 열었고, 상품으로서 대중에게 이 문화를 알렸다. 우리나라 최초의 사례였다. 당연히 상품화를 비판할 생각은 없다. 오히려 나는 사찰 음식의 상품화는 꼭 필요하다고 생각한다. 그런 방향이 필요하다는 근거는 1996년에 쓴 논문 〈사찰 음식의 외식 상품화 방안에 관한 연구〉에 잘 나와 있다. 이 논문은 사찰 음식을 외식산업에 접목하고자 하는 목적으로 연구하고 발표했다. 그때까지만 해도 사찰 음식은 외식업계에서 뚜렷한 위치를 점하지는 못한 상황이었다. 이는 과학적이고 체계적인 운영 시스템이 정립되지 않은 이유가 컸다고 봤다. 더불어 특수한 계층이 먹던 음식이라는 특수성으로 인해 메뉴 개발에 필요한 조리법이나 지식이 당시만 해도 널리 보급되지 못한 것도 큰 축을 차지한다고 생각했다.

그럼에도 당시 사찰 음식에 관한 관심은 아주 높았다. 논문을 작성하면서 진행했던 설문조사 결과, 사찰 음식에 긍정적 인식을 보여줬던 연령대는 주로 30~40대로 나타났다. 직장인이나 전문직일수록 사찰 음식을 좋아했고, 즐겨 찾았다. 그때도 사찰 음식을 두고 '건강한 음식'이라는 인식이 강했다. 정리하자면 그때 이미 사회적으로 충분히 수요가 있었다는 걸 알 수 있다. 이를 충족시킬 수 있는 상품화가 필수라고 판단할 수 있는 설문조사였다. 그때의 수요가 20년이 지난 후 사찰 음식의 폭발적 성장을 견인한 사회적 배경이 되지 않았나 싶다.

관건은 방향이다. 사찰 음식의 상품화를 하되 어떤 식으로 할 것인가. 지금에 와서 돌이켜 보면 불교계는 자기가 가지고 있는 이 중요한 자산을 세상에 올바로 내놓을 준비가 전혀 되어 있지 않았다. 어떤 것이 있는지도 몰랐고, 어떻게 내놓을지에 대한 정책도 거의 전무하다시피 했다. 늘 그렇듯 내부에서부터 가치를 찾아내고 준비하는 게 아니라, 외부의 수요에 따라 움직인다. 즉흥적으로 움직인다는 뜻이다. 이를 대변하는 사례도 여럿 있다. 불자이기에 불교계와 더불어서 활동하고 싶어 했던 수많은 인재들이 있었다. 충분한 가능성과 능력을 갖췄음에도 불교계는 그들에게 관심을 가지고 함께 성장하는 길을 매번 외면했다. 그중 누군가는 당시 불교계 종사자로부터 이런 말을 들었다고 토로했던 적이 있다.

"우리의 관심과 지원을 받고 싶으면 성공해서 와라. 그럼 함께하겠다."

이게 대체 무슨 소리인가. 그는 절망했고 불자로서 자

괴감을 느꼈다. 그로부터 얼마 지나지 않아 그 사람은 한때 한국사회에서 매우 주목받는 위치에 오르게 됐고, 지금도 지속적으로 활동을 하고 있다. 하지만 더 이상 불교계와 관련한 일은 하지 않는다.

이 사례는 불교계가 자기 보물을 알아보고 가꿀 줄 모른다는 걸 보여주는 일례다. 사찰 음식도 그렇지 않은가. 1978년의 불교계와 지금의 불교계를 놓고 보면 그때나 지금이나 변한 것이 없다는 생각이 든다. 수십 년간 그렇게 움직여 온 결과가 지금에 이르고 있다. 사찰 음식이라는, 불교를 대표하는 문화에 얼마나 깊은 깊이가 녹아 있는가. 그것이 세상에 어떻게 소개되고 있는가. 왜 이렇게 됐을까? 나는 이것이 전통에 뿌리를 두고 있지 않기 때문이라고 판단한다. 나는 지금까지 과거와 현재를 잇는 실낱같은 연줄을 힘겹게 붙들어 왔으나 지금의 사찰 음식은 그 연줄을 잡지 않았다. 뿌리가 약한 나무는 점점 자라서 제법 굵은 몸통을 만들어 놓았다. 하지만 이 나무가 앞으로 다가올 수많은 세상의 풍파를 이기고 계속해서 굳건히 자라날 수 있을지…….

4

한국 전통 식문화의
마지막 보루

: 빠르고 간편해진 지구촌의 변화

돌이켜보면 지구촌의 변화는 엄청나게 빨리 가속화되고 있다. 불과 30~40년 만에 이전과는 완전히 다른 세상이 됐다. 나라 간의 연결은 더 긴밀해지고 기술이 발달하면서 유통의 범위가 확대되고 시간도 어마어마하게 단축됐다. 지구 반대편에서 어제 잡은 물고기가 며칠이면 내 식탁으로 올라온다. 그만큼 우리의 삶도 달라졌다. 대량 생산된 식재료를 저렴하게 사 먹을 수 있으니 구태여 농사를 지을 필요가 없어졌다. 보릿고개 같은 낱말은 사라진 단어가 되어 버렸고, 국내에서 나지 않는 것을 손쉽게 구해 먹는 것도 가능하다. 당장 집 밖으로 나가 30분만 걸어보라. 한식이라 부르는 음식보다 다른 나라의 음식을 파는 식당이 훨씬 많아졌다. 그만큼 먹는 것의 문화가 다양해졌다는 걸 실감하게 된다.

변화가 늘 좋은 것만은 아니다. 그만큼의 부작용도 수반하기 마련이다. 시대가 바뀌었다는 걸 모두가 받아들일 때쯤 이에 대한 부정적 의견도 나오기 시작했다. 약 10년 여 년 전쯤부터였던 것 같다. 외식업, 그중에서도 좋은 음식이란 무엇인가에 대한 고찰의 과정에서 '제철 식재료'와 '로컬푸드'라는 단어가 등장했다. 제철 식재료는 말 그대로다. 제철에 나오는 걸 의미한다. 봄에는 고사리, 미나리, 쑥을 비롯한 온갖 나물류가 나오고, 꽃이 지고 난 여름 즈음부터 과일과 열매류가 점점 늘어난다. 가을은 1년 중 가장 먹거리가 풍성해지는 시기다. 영양소가 가장 풍부해지는 때이기도 하다. 상대적으로 겨울은 먹거리가 부족해진다. 그래서 봄부터 여름, 가을까지 나온 여러 먹거리를 말려서 함유

된 영양소를 극대화해서 먹었다. 이게 예전 우리가 살던 방식이었다. 한계는 지혜로 극복해왔다. 채소나 생선 등을 말려서 보관하고 필요할 때마다 꺼내 먹던 게 그런 사례라고 볼 수 있겠다.

그러나 지금은 어떠한가? 마켓을 가보면 제철이라는 말이 무색해진다. 봄철 과일이었던 딸기는 11월 말, 12월부터 매대에 올라간다. 참외는 봄부터 등장해서 바구니에 담긴다. 수박도 출하 시기가 점점 빨라진다. 저온저장고라는 게 보편화되면서부터 필요한 식재료는 1년 내내 구할 수 있게 됐다. 여름에 먹던 음식을 한겨울에도 먹을 수 있게 된 건 그래서다. 지금 우리의 삶에는 '제철'이라는 단어가 점점 사라지고 있는 추세다. 이게 반드시 나쁜 것만은 아니다. 삶이 풍요로워지는 기반이 되고 있으니 말이다. 그러나 영양학적으로도 괜찮은 것인지에 대해서는 이견이 나온다. 아무래도 제철에 자연의 섭리에 따라 키운 것을 따라가기 어렵다는 얘기도 있다. 이게 맞는 말인지는 연구자가 아니어서 잘 모르겠다. 다만 자연의 섭리에 따라 키운 것이 하우스에서 재배한 것에 비해 건강할 거라는 믿음이 있다. 고급 요리를 지향하는 요리사일수록 제철 식재료에 민감한 것

사찰 음식은 없다

은 분명 이유가 있을 테니 말이다.

'로컬푸드'라는 개념은 전 지구적으로 행해지고 있는 광역의 유통이 아닌 내가 살고 있는 곳에서 나온 식재료를 이용한다는 의미다. 비록 내가 농사를 짓는 것이 아니어도 내가 사는 지역에서 나온 것을 소비한다는 것인데, 이는 경제적으로도 지역의 농가를 활성화시키는 데 큰 도움이 된다. 유통의 과정이 짧은 식재료가 훨씬 더 건강에 이롭다는 건 두 말할 나위가 없는 것이기도 하겠다. 몇 천 킬로미터를 이동하는 장거리 유통이든, 배로 한두 달 이상을 실어 나르는 장기간의 유통이든, 상품으로서의 가치를 유지하기 위해서는 별도의 약품처리를 할 수밖에 없다. 사용하는 약품의 양도 우리는 정확히 알지 못한다. 한두 번 먹는 것이야 우리 몸에 별 영향을 미치지 않을 수 있다. 그러나 오랜 시간 섭취할 경우 어떤 영향을 미치는지 역시 미루어 짐작하기 어렵다. 아직 이와 관련한 연구의 결과도 온전하게 나온 것이 없으니 별다른 대책이 없다. 이런 일련의 이유 때문에 제철 식재료와 로컬푸드를 이용하자는 움직임이 제법 줄기차게 이어진다. 지자체와 관련 단체에서 이런 움직임을 확산하기 위한 활동이 있었고, 소기의 성과도 보여주었다.

가장 눈에 띄는 건 역시 지자체 차원의 로컬푸드 소비 운동이다. 이제는 지자체마다 로컬푸드 매장을 만들어 지역에서 재배한 신선한 식재료를 선보이고 있다. 품종만 놓고 보면 모든 매장이 비슷한 시기에 비슷한 종류의 재료가 깔린다고 볼 수 있지만, 그 지역에서 나오는 것이기에 가장 싱싱한 상태로 출하가 이루어진다. 더 건강한 물건을 내놓기 위해 까다로운 유기농 인증을 받은 것도 나오고, 일반 마트에서는 볼 수 없었던 다채로운 재료가 매대에 놓인다. 이런 공간의 마련은 로컬푸드의 소비를 촉진하기 위한 것이기도 하지만, 제철 식재료 소비로도 이어질 수 있는 것이기에 일정 정도 소기의 성과도 얻을 수 있다.

더불어서 주목할 것은 청년농을 중심으로 실험적인 경작이 이루어지고 있는 다품종 소량생산이다. 농부들은 땅에도 '땅심'이라 부르는 힘이 있다고 말한다. 땅의 기운이라는 의미인데, 한 종류의 품종만 수년에 걸쳐 경작하면 이 땅심도 갈수록 떨어진다고 설명한다. 그래서 시기마다 서로 다른 작물을 심고 재배하면서 땅의 기운이 쉬이 고갈되지 않도록 신경을 쓴다는 것이다. 다품종 소량생산은 크지 않은 부지에 최대한 많은 품종을 조금씩 심어서 수확하는 형태다.

이런 형태의 농업은 비료조차 쓰지 않고 잡초마저 제거하지 않는 식으로 자연의 힘을 최대한 이용해서 키우는 자연농을 시도하는 경우가 많다. 실제 이렇게 키운 작물은 향과 맛이 진한 편이었다. "정말 좋다"라는 말이 절로 나올 만큼 건강한 농업의 형태라는 걸 온몸으로 절감할 수 있는 농업 방식이었다. 과거에는 너나없이 이런 식으로 다품종 소량생산을 해 왔다. 농업 기술이 발달하면서, 그리고 더 많은 경제적 이익을 위해 약품의 사용과 대량생산 체계가 자리를 잡으면서 이제는 이런 식의 경작을 찾아보기가 매우 어려워졌다. 다품종 소량생산을 하는 농부들도 경제적 어려움을 호소한다. 현실적 문제와 건강한 농업 사이의 간극을 메우는 길은 아직 요원하다고 봐야 할 것 같다.

그저 음식을 하는 사람 입장에서 이런 움직임을 주목하기 시작한 것은 나름의 이유가 있었다. 앞서 살펴본 제철 식재료나 로컬푸드 같은 개념이 사찰 음식이 가진 특성과 맞닿아 있기 때문이었다. 사찰은 자급자족의 원칙을 지키는 공간이었다. 선불교가 이 땅에 자리 잡은 이후 절집은 울력이라는 행위를 통해 직접 먹을 것을 재배하고 관리하며 음식을 직접 만들어서 먹었다.

'하루 일하지 않으면 하루 먹지 않는다(一日不作 一日不食)'는 백장회해 선사의 원칙은 사찰 음식이 가진 특성을 보여주는 일면이기도 하다. 수행을 하는 출가자라고 해서 수행만 매달리는 것이 아니라 직접 경작을 하고 여기서 얻은 것으로 끼니를 해결하는 일. 선 수행이란 특정한 행위만을 일컫는 게 아니다. 일상을 살아가며 모든 순간순간마다 생활 속에서 수행을 하는 것이 진정한 수행자의 자세가 아닐까 한다. 이를 백장회해는 몸소 후학들에게 보여주었다.

한편으로는 그의 그런 행위에서 제철 식재료와 로컬푸드의 특징도 엿볼 수 있다는 걸 강조하고 싶다. 물론 지극히 당연한 얘기다. 물류의 교환이 용이하지 않았던 그 시대에 지역성을 강조하는 것이 도리어 이상한 일이었을 테다. 경작의 기술 역시 하나의 채소를 1년 내내 키울 수 있는 정도가 아니었다. 이런 하나마나 한 이야기를 구태여 꺼내는 건, 지금도 백장회해가 주창하고 오랫동안 절에서 지켜왔던 그 원칙을 다시 되돌아봐야 할 필요가 있지 않느냐는 의견을 제시하기 위해서다.

지금 우리 사찰의 현실을 돌아보자. 학인스님이 상주하고 있는 사찰 이외에 대형 사찰이든 작은 암자나 포교당이든 그곳에 거주하는 스님들이 직접 경작을 하고 이것으로 직접 음식을 만들어 먹는 경우가 얼마나 있는가. 세상이 편리해지니 이제는 스님들도 마트를 이용한다. 장을 담가서 쓰는 것보다 기성품을 사서 사용하는 경우가 대부분이다. 이제는 스님들이 할 일이 많아졌기 때문일까. 사회적으로 출가자의 역할이 다변화되어야 한다는 흐름이 생기면서 직접 경작하고 조리하기보다 매식으로 끼니를 해결하는 상황이 많아진 것도 같다. 혹은 공양주보살이라 부르는 신도들이 만들어주는 음식으로 삼시 세끼를 먹는다. 사실상 사찰 음식문화의 근간이되는 후원의 문화가 무너진 셈이다. 이런 변화가 지난 30~40년 사이에 일어났다는 걸 떠올려보면 이는 무척 빠르게 진행됐다.

：후원의 문화를 보존해야 하는 이유

　　무엇이 맞고 틀리다는 식의 흑백논리로만 불교계 내부의 이런 현상을 판단하고자 하는 것은 아니다. 상황이란 수시로 변하기 마련이니 근래에는 또 다른 변화가 일어나고 있는지도 모른다. 그렇다면 참 다행이라고 해야겠다. 다만 내가 보기에 지금 사찰 안팎으로 자리 잡은 식습관이나 식문화는 그리 쉽게 변화할 성질의 것이 아니다. 꾸준한 문제 제기와 교계 내부의 진심이 담긴 논의, 모든 출·재가자의 적극적인 참여가 동반되어야 비로소 가능성을 이야기할 수 있으리라.

또한 이 변화가 비단 불교계 내부의 것만이 아니라는 점도 어려운 점이다. 사회 전체가 이미 그런 식문화에 익숙해져 있다. 그 사이에 한국의 농경문화와 기술, 그렇게 얻은 작물이 가지는 장점 같은 것은 너무 쉽게 사라져가고 있다. 한식이라는 개념의 범주에서는 예전의 그런 문화를 지켜야 할 당위성을 찾기가 어렵다. 한식은 한국인이 만들어 먹는 음식, 이와 관련한 문화 전반에 국한돼 있다. 재료와 관련한 부분은 고려의 대상이라고 보기 어렵다. 물론 과거부터 이어져 온 한식의 조리법이 이른바 '슬로푸드'라는 점에서 세계적인 주목을 받고 있기는 하다. 슬로푸드는 빠르게 조리한 것을 빠르게 소비하는 게 아니라 공들여 음식을 만들고 이 과정에서 일어나는 절임, 숙성, 발효 등의 현상을 거쳐 음식을 완성하는 것을 말한다. 부분적으로는 여기에 경

　　　　　　　　　사찰 음식은 없다

작의 과정까지 포함해서 슬로푸드를 이해하기도 한다. 그렇게 보자면 전통적인 개념의 한식은 완벽한 슬로푸드다.

한식의 이런 면은 사찰 음식에도 고스란히 적용할 수 있다. 사찰 음식은 육류를 빼고 채소를 활용해서 다양한 음식을 만들어 먹는 한식의 중요한 부분이다. 그러나 한식과 다른 점도 분명하게 존재한다. 한식은 단순한 음식 그 자체에 집중하지만, 사찰 음식은 경작부터 재료의 보관, 조리, 먹는 과정까지 그 모든 것을 수렴하는 문화이기 때문이다. 제철 식재료나 로컬푸드, 슬로푸드까지, 현대 사회에서 일어나는 이런 움직임에 있어 사찰 음식이 중요한 것은 그런 이유에서다. 사찰 음식은 경작의 과정부터 매우 중요하다. 최소한 교구 본사에서 만큼이라도 후원의 문화를 잘 보존한다면, 그런 건강한 음식문화를 논하는 데 있어 중요한 모범사례가 될 수 있다. 더불어 전통적인 농업 방식이 가진 장점을 후대에 전하는 매개 역할도 할 수 있을 테다.

사찰 음식을 논하는 데 있어 전통적인 후원의 문화는 아주 중요하다. 작금의 현실을 보면서 과거 전통적인 후원의 문화를 재건해야 한다고 목소리를 높이는 건 사찰 음식이라는 게 단순한 조리법에만 국한된 것이 아니어서다. 울력이라는 행위에 내포된 의미를 봐야 한다. 후원의 소임을 맡은 이에게 조리의 과정이 어떤 기능을 하는지도 다시 주목해야 한다. 그리고 모두의 힘을 모아 완성한 한 그릇의 음식이 얼마나 소중한지를 되새기며 식사하는 문화를 정착시켜야 한다. 사찰 음식은 과거 후원의 시스템을 복원해야 하는 당위성이 충분한 문화다. 그런 면이 한식과는 분명 다르다.

불편한 시대로 되돌아가야 한다는 의미가 아니라는 점도 분명하게 말하고 싶다. 모든 과정에 깃든 의미가 있다면, 그것이 출가자로서 반드시 지켜야 하는 뜻과 가르침이 깃들어 있다면, 불편하더라도 어느 정도 감수할 줄 알아야 하는 것이 출가자가 아닐까 한다. 편안한 삶은 출가자에게도 달콤하다. 그러나 대의를 위해 이를 포기할 줄 알아야 한다. 그렇게 할 수 있다면, 사찰 음식은 패스트푸드가 점령한 이 시대에 전통 식문화가 가진 가치를 지키는 마지막 보루가 될 수 있을 것이다.

5

템플스테이,
무엇을 전할 것인가

템플스테이는 한국불교 최고의 문화 콘텐츠라고 할 만하다. 속세의 사람은 늘 고요한 산사에 머무는 시간을 갈구해 왔다. 과거에도 그랬다. 아무나 찾아가서 머물 수 없는 곳이기에 어쩌면 나름의 환상도 있었을 게다. 절이라는 공간은 간간이 필요한 이에게 잠시 문을 열어주기도 했기에 그곳에서 보낸 시간이 얼마나 좋았는지는 입소문으로 퍼져 나갔다. 사찰은 그렇게 모두가 동경하는 공간으로 자리했다.

템플스테이는 그런 사찰의 이미지를 아주 잘 활용한 케이스다. 사실 템플스테이에 대해서는 크게 거론할 것이 없었다. 워낙 잘 만든 상품이고 그간 잘 운영해 왔으니 구태여 말을 보탤 필요는 없으리라 생각했다. 그런데 후원의 문화를 두고 내 생각을 정리하면서 앞으로의 템플스테이에 이런 기능을 더하면 어떨까 하는 아이디어가 떠올라서 짧게라도 언급을 해볼까 한다.

템플스테이가 시작된 건 이미 20년이 넘었다. 2002년 김천 직지사에서 주한 외국인 대사를 초청한 것이 처음이었다. 당시 엄청난 평가와 극찬이 쏟아졌고, 불교계는 고무됐다. 사찰에서 보내는 하룻밤이라는 건 이전까지 없었던 새로운 문화상품이 될 가능성이 농후했다. 그렇게 템플스테이가 시작됐다. 빠르게 전국의 사찰로 확대되어 갔고, 이제는 한국의 대표적인 문화 콘텐츠로도 자리 잡았다.

그런데 지금의 템플스테이를 보았을 때는 약간의 아쉬움이 든다. 20년간 여러 프로그램이 만들어지고 다듬어져서 보급됐지만, 좀처럼 변화가 느껴지진 않았다. 사람의 속성은 꽤 단순하다. 반복되고 익숙해지면 금세 지루함을 느낀다. 오랜 세월 동안 큰 변화 없이 이어져 온 불교계에게는 어쩌면 적응하기 어려운 상황이었을지도 모른다. 수시로 변화를 주면서 끊임없이 사람들의 발길을 이끌어야 한다는 건 보통 난제가 아니다. 그러나 이는 문화상품으로 자리 잡은 이상 숙명이나 마찬가지다. 2022년, 템플스테이 20주년을 맞아 "앞으로도 감동과 치유를 선사하자"라는 나름의 각오를 밝히기도 했지만 외부에서 바라보기에 어떤 변화 혹은 새로움이 더해질지는 가늠하기 어렵다.

지금의 템플스테이는 몇 가지 유형으로 진행된다. 하루 잠시 머물다 가는 당일형 프로그램과 사찰마다 특성에 따라 조금씩 다른 프로그램으로 운영하는 체험형, 쉼이 필요한 이에게 휴식을 선사하는 휴식형 등이다. 나름대로 사찰에서 머물고 싶어 하는 사람들의 욕구를 파악해 이에 맞춰 기획한 결과물이다. 템플스테이에서 진행하는 프로그램도 어느 정도 종류가 정해져 있다. 참선과 명상을 체험해 보거나 스님과 차담을 하고 발우공양을 경험하는 식이다. 여기에 예불, 108배, 연등과 염주 만들기 같은 게 더해진다. 곳에 따라서는 1080배를 시키기도 한다. 마음 나누기 같은 치유

프로그램도 있다. 꽤 알찬 구성이다. 그러나 이제는 일정 수준의 변화가 필요한 시기가 됐다. 어딜 가나 엇비슷한 프로그램을 진행하니 사실상 다른 사찰에서 묵어봤다는 것만 빼면 기존 경험자에게는 큰 감동을 주기가 어렵다.

∶ 사찰 음식을 이해시키는 방법

그나마 생각해볼 만한 아이템은 사찰 음식이다. 불교는 콘텐츠로 삼을 만한 재료가 참 많지만, 대중에게 쉽게 보여줄 만큼 정리된 것은 그리 많지 않다. 그나마 사찰 음식이 주목을 받고 있어 템플스테이에서도 종종 이와 관련한 행사 혹은 프로그램을 진행하는 모양이다. 그럼에도 좀처럼 쿠킹클래스처럼 음식을 만들어 보거나 발우공양을 하는 정도의 수준에서 크게 벗어나지 못하는 듯하다. 조금 더 구체적으로 사찰에서의 삶에 참여하며 사찰 음식의 문화를 경험하게 할 수는 없을까. 내 고민은 여기서부터 시작했다. 사찰 음식은 세상 모든 존재가 거미줄처럼 얽혀 있다는 인드라망의 의미를 함축적으로 보여주는 식문화다. 농사를 짓는 사람과 유통하는 사람과 음식을 만드는 사람, 그리고 그걸 먹는 사람이 앞에 놓인 음식으로 모두 연결되어 있다. 그러니까 음식은 인연의 결과물이다. 결코 가벼운 마음으로 취해서는 안 되는 이유가 이 지점에서 도드라진다.

이런 점을 템플스테이에서 좀 더 드러내는 건 어떨까. 지금도 발우공양 시간을 통해 구두로 설명을 해 주지만, 이걸 기억하는 이는 많지 않을 것이다. 불특정 다수가 이를 받아들이게 하기 위해서는 각인의 과정이 필요하다. 제일 좋은 것은 직접 몸으로 경험하는 일이다. 어차피 잠시 절에 찾아온 사람 모두가 경작부터 재료를 다듬고 조리하는 모든 과정을 일일이 겪을 수는 없다. 차라리 1년 단위로 특정 사찰을 찾아 템플스테이에 참여하는 모두가 일정 과정을 경험하게끔 유도하는 게 현명할지 모른다. 봄에 온 이는 나물 채취를 해 보고, 그 다음에 온 이는 씨앗을 심고, 그 다음에 온 이는 물을 주고 밭을 정리하는 식이다. 이후 시간에는 먼저 온 이가 수확한 것으로 간단하게 만들 수 있는 장을 담가 본다든가, 말리고 다듬는 일을 하는 거다. 그리고 다른 조는 후원에 들어가 직접 음식을 조리해서 사람들에게 내는 방식. 이런 일련의 과정에 직접 참여해 울력을 경험하고 그렇게 얻은 것으로 우리가 사찰 음식이라 부르는 음식을 만든다는 걸 알게 되면 인드라망의 개념을 조금 더 쉽게 이해할 수 있지 않을까.

    사찰 입장에서는 이런 방식이 조심스러울 수 있다. 적
지 않은 돈을 지불하고 오는 사람들에게 고생스러운 과정
에 나서도록 하는 건 자칫 불만을 만들고 부정적 평가로 이
어질 수 있어서다. 그러나 도리어 이런 게 더 필요할지도 모
른다. 사찰의 삶이라는 걸 더 직접적으로 체험하면서 출가
자의 하루가 왜 이렇게 이루어지는지를 이해할 수 있다. 세
상에 편안한 것은 없다. 휴식이 필요하다면 휴식형 템플스
테이로 해결해 줄 일이다. 체험형 템플스테이에서는 조금
더 사찰의 일상에 가까이 다가서도록 하고, 그 모든 과정마
다 녹아 있는 의미를 이해하게끔 유도한다면 더 의미 있는
템플스테이가 되지 않을까.
    우리는 포교를 이해하지만, 포교라는 행위가 무엇을 의
미하는지도 생각해 봐야 한다. 무엇을 전할 것인가, 어떻게
전할 것인가. 템플스테이는 아주 훌륭한 포교의 수단이 될
수도 있지만, 참가자가 모두 불자가 되는 걸 바라는 건 아니
다. 그가 느낀 대로, 스스로 필요하다면 불자의 길을 선택할
것이다. 그게 지금까지 견지해 왔던 불교의 자세였다. 굳이
불자가 아니어도 불교의 세계관을 이해하고 그래서 불교

사찰 음식은 없다

가 무엇을 말하고자 하는지를 이해한다면, 그것만으로도 그 사람의 인생에는 변화의 계기가 만들어질 수 있다.

ː 절은 테마파크가 아니다

템플스테이를 찾아오는 사람에게 절이란 어떤 공간일까. 그들은 사찰을 어떻게 인지하고 있을까. 더불어 지난 20년간 템플스테이를 운영하면서 우리는 그네에게 사찰을 어떤 곳으로 소개하고 있었는지도 점검해 봐야 하지 않을까 한다. 연등을 만들고 염주를 만들면서 재밌게 하루를 보내는 곳으로만 남는다면 이는 불교문화를 체험하는 테마파크에 지나지 않는다. 그 재미 너머에 사찰이라는 공간이 가지는 가치와 불교에서 말하고자 하는 걸 조금이라도 이해하고 갈 수 있도록 유도하는 과정이 조금 더 만들어질 필요가 있다는 게 내 생각이다.

템플스테이는 아주 좋은 문화 콘텐츠지만, 한국불교의 가치를 전하는 데에는 아직 부족한 면이 있다. 그런 면을 보완하는 하나의 해법으로 제시하고 싶은 것이 사찰 음식이다. 그저 불교식 식사법에 그치는 것이 아니라 생명과 생명이 어떻게 연을 맺고 관계를 이어가며 서로가 서로에게 영향을 미치는지를 이해할 수 있는 과정이다. 그걸 이해시킬 수 있다면 사찰 음식은 더 이상 조리법에 머무는 지금의 현상에서 한 단계 더 나아갈 수 있을 것이라 믿는다.

지금의 불교계에게 필요한 건 그런 면모다. 공부해 본 사람만 아는 깊이와 가치를 어떻게 더 쉽게 더 많은 사람에게 전할 것인가. 포교라는 명목으로 지금까지 행해 온 활동을 돌아보면 한국불교는 겉핥기 수준에서 벗어나지 못하고 있다. 때로는 더 과감하게 때로는 더 세심하게 대중과 호흡하면서 불교가 제 역할을 하는 자리, 템플스테이가 그런 자리가 되기를 바라마지 않는다.

사찰 음식은 없다

6

골든타임이
얼마 남지 않았다

: 사찰 음식이란 무엇인가

골든타임이라는 게 있다. 죽어가는 사람을 살릴 수 있는 마지막 황금 같은 시간. 그 시간 내에 제대로 된 처치를 받지 않으면 그 사람을 살리기는 불가능해진다. 그래서 의료계는 골든타임을 지키기 위해 각고의 노력을 쏟아 붓는다. 골든타임은 비단 사람 살리는 일에만 적용되는 건 아니다. 어떠한 일을 성공시킬 수 있는 기한, 잘못된 방향을 수

정할 수 있는 기한 등을 이야기할 때도 골든타임이라는 단어를 비유적으로 사용한다. 이제는 사찰 음식을 이야기하는 데에는 골든타임이라는 개념을 적용해야 할 것 같다. 이는 지금 사찰 음식과 관련한 여러 정책, 현실 등이 맞지 않다, 잘못 나아가고 있다는 얘기이기도 하다. 이 땅에서 사찰 음식과 관련해서 가장 오랫동안 고민하고 기록하고 연구해 온 입장에서, 지금의 사찰 음식은 일시적으로 대중에게 소모되고 사라지게 될 콘텐츠로 남을 가능성이 커 보인다.

지금의 시대는 시간이 흐를수록 무엇이든 빠르게 소비하고 새로운 것을 찾는다. 그런 시류 속에 사찰 음식 역시 트렌드의 하나로 되지 말라는 법은 없다. 트렌드가 얼마나 갈지는 누구도 예측할 수 없다. 길 수도 있고 짧을 수도 있다. 하지만 가치 있는 문화는 그 시한이 다 해 모두의 기억 저편으로 사라지더라도 완전히 소멸하지 않는다. 가치 있는 무언가는 다른 새로운 것이 탄생할 수 있는 거름이 된다. 사찰 음식이라는 개념에 더 확실하고 명확한 가치를 담아야 하는 이유가 여기에 있다. 사찰 음식의 가치가 제대로 알려진다면, 언젠가는 이것을 바탕으로 한 걸음 더 나아간 새로운 문화의 토대가 될 수 있기 때문이다.

사찰 음식은 없다

핵심은 기본이다. 뿌리다. 땅을 튼튼하게 다지는 일이다. 그 땅에 기초해 성을 쌓는 것이 마땅하다. 그렇다면 잘 다진 땅이란 무엇일까. 사람마다 생각은 다를 수 있겠지만, 사찰 음식을 쉽고 명확하게 누구나 이해할 수 있도록 한 줄로 정의 내리는 일이 아닐까 한다. '사찰 음식이란 무엇이다'라고 개념이 정리되어야 할 필요가 있다. 지금의 상황을 보면 사찰 음식이 내포하고 있는 철학을 전혀 이야기하지 않는 것은 아니다. 하지만 사찰 음식의 개념이 확고하게 정의되어 있지 않아 대중에게 전달되는 힘이 떨어지는 느낌이다. 정체성이란 명확할수록 전달력이 강해지기 마련이다. 지금 많은 사람이 인지하고 말하는 것처럼 '절에서 먹던 건강한 음식' 정도 수준이라면 이건 그냥 궁중음식, 반가음식 등과 어깨를 나란히 하는 한국음식의 한 계열 정도 수준을 벗어나기 어려울 것이다. 차라리 '모든 생명이 함께 살 수 있는 공생의 음식'과 같은 개념이 더 낫지 않나 싶다. 물론 사찰 음식을 한 줄로 정의 내린다는 게 결코 쉬운 일은 아니다. 많은 사람이 머리를 맞대고 고민해서 도출해야 할 것이다. 그렇지만 이는 사찰 음식이 그 가치를 더 오래 더 널리 알리기 위해 반드시 겪어야 할 과정일 거라고 생각한다.

이제는 사찰 음식을 연구하는 연구자도 많아졌다. 그저 출가자니까 당연한 것처럼 권위를 가지고 결정권을 휘두를 일이 아니다. 체계적인 연구 결과를 바탕으로 사찰 음식의 정체성을 확정지어야 한다. 정답이 아니어도 괜찮다. 방향만이라도 정해진다면, 문화는 앞으로 나아간다. 이 속성이 문제다. 문화는 정해진 방향으로 흘러간다는 점, 그래서 물꼬를 어디로 트느냐가 상당히 중요하다. 2500년 넘는 불교의 역사를 통시하고 팔만사천 가지 법문을 압축한 핵심을 담을 수 있는, 현재 남아 있는 거의 유일한 불교의 문화가 사찰 음식이다. 이는 앞서 잠시 살펴보았듯이 대승불교권의 다른 나라와 비교해서도 오직 한국불교에만 남아 있는 특징이다. 그렇다면 그 안에서 이 시대에 그 가치가 빛을 발할 수 있도록 다듬어주는 게 필요하다. 지금처럼 전통의 가치를 온전히 담고 있는 것인지 아니면 그 근원이 무엇인지도 모를 만큼 혼탁한 상황이 되어서는 안 된다는 말이다. 이것은 사찰 음식이 가지고 있는 가치를 저버리는 일이다. 그리고 이 시기가 지나면 모든 유행이 그러했듯 사라지게 될 공산이 크다. 사찰 음식이 무엇인지를 확립하는 일은 이미 끝났어야 했다. 그러나 아직도 우리는 사찰 음식의 정체가 무엇인지 모르고 있다.

사찰 음식은 없다

또 한 가지 불교계가 유념해야 할 것은 겉 다르고 속 다른 지금의 모습이다. 밖으로는 사찰 음식의 가치와 유용함을 설파하면서, 정작 안에서는 중국식 볶음 요리로 끼니를 때우는 현실을 타파해야 한다는 말이다. 최소한 출가자만큼은 발우공양의 전통을 지켜야 할 필요가 있다. 이건 오랫동안 그래 왔으니 당연히 따라야 한다는 관례의 문제가 아니다. 발우공양에 담긴 의미는 출가한 이라면 누구나 다 알고 있다. 왜 지켜야 하는 것인지도 안다. 어째서 예전 어른 스님들이 대중생활을 하면서 오랜 시간 지켜왔는지도 모르는 것이 아니다. 그러나 불과 40~50년 만에 그 전통이 급격하게 무너져 내렸다. 이유가 무엇일까?

이것은 적당히 듣기 좋은 단어로 포장해서 슬쩍 비켜갈 성질의 것이 아니다. 낯 뜨거울 만큼 직설적으로 그 이유를 꺼내어 놓고 참회해야 할 일이다. 성직자는 근엄하고 그럴 듯해 보이는 존재가 아니다. 인간의 존재를 고민하고 우주의 섭리를 탐구하면서 스스로에게 가혹할 만큼 냉철해야 한다.

사찰 음식의 전통이 안에서 무너진 것은 '편리' 때문이 아닌가? 머리를 깎고 출가자로 살아온 이라면, 편리에 무릎 꿇고 나태한 삶을 살고 있지는 않는지 성찰해 볼 일이다. 발우공양의 원칙과 과정을 일일이 지키면서 조그마한 티끌 하나마저 남기지 않고 청수로 씻어 마시는 것을 불편하다는 이유로 내쳐버린 것은 아닌지. 그렇지 않고서야 어찌 교구 본사라 이야기하는 사찰마저 출가자, 재가자 구분 없이 식판에 밥과 반찬을 받아먹는 것이 일상이 되었는지 설명할 수 있어야 한다. 안팎이 다른 것은 성직자라 할 수 없다. 더구나 부처님의 가르침을 따른다는 불제자는 더욱 그래서는 안 된다.

정말 양보하고 또 양보해서 최소한 교구 본사만큼은, 매 끼니 발우공양을 거르지 않는 전통을 되살려야 한다. 그것이 본사로서 행해야 할 덕목이다. 현실적인 여러 문제로 이를 되살리고 고수하는 것이 어렵다고 이야기한다면, 출가자로서 삶을 포기하는 것이 낫다. 삭발염의한다고 해서, 출가하고 오랜 시간을 보냈다고 해서 큰스님이 되는 게 아니다. 대중이 출가자를 존경하고 불교의 가치를 인정하기 위해서는 그럴 가치가 충분히 있어야만 가능한 일이다. 지킬 것을 지키지 않고, 겉만 번지르르한 종교는 반드시 무너진다. 아무리 훌륭한 종교여도 그 가치를 지키는 건 인간의

사찰 음식은 없다

일임을 잊어서는 안 된다.

식문화 하나를 들어 이렇게까지 혹독한 비판을 가할 일이냐고 생각할 사람이 있을지도 모르겠다. 그러나 그것이 종교다. 남에게 당당하기 위해서는 조그만 흠집조차 조심스러워하는 마음을 유지해야 한다. 자기의 정체성을 정확히 인지해야 하고, 무엇이 이 종교의 가치인지를 늘 유념해야 한다. 1978년, 사찰 음식의 가치를 알리겠다고 할 때 조계종은 펄펄 뛰면서 반대했다. 그때 반대의 뜻을 보이며 큰소리로 꾸짖어 주었던 어른스님들의 입장과 생각을 이해한다. 충분히 그럴 수 있는 일이었다. 내가 하산을 결정한 것은 사찰 음식의 가치를 알리기 위해서는 그 길이 불가피했기 때문이었다. 그리고 오랜 시간이 흘렀다. 그때 들었던 것과는 다르게 이제 사찰 음식은 불교문화에서 빼놓을 수 없는 핵심 중 하나로 자리 잡았다. 그렇다면 그 가치를 제대로 세상에 전해야 하지 않겠는가?

그동안 많이 안타까웠다. 속상하기도 했다. 정녕 사찰 음식에 담긴 가치가 이렇게밖에 드러날 수 없는 것인지 되묻고 싶었다. 전통을 이야기하면서 전통에는 관심이 없고, 팔리는 상품으로서의 사찰 음식만 부각되는 것 같았다. 정말 전통에 관심이 있었다면 사찰 음식을 연구하고 전문가로 자리 잡은 그 많은 이들 중 일부만이라도 나에게 찾아와 나의 기록을 함께 들춰 보았어야 했다.

정부의 지원금을 받아 한식을 부흥시키기 위한 작업의 하나로 사찰 음식 콘텐츠를 활성화하겠다고 할 때, 고문의 역할로 참여할 수 있었지만 고사하고 물러났던 것은 이유가 있었다. 사찰 음식을 잘 다듬어 세우는 데 있어 정말 필요한 과정이 무엇인지, 사찰 음식의 원형이 어떤 것이었는지는 아무도 관심이 없어 보였다. 어떻게 하면 정해진 시간 안에 사찰 음식을 잘 포장해서 상품화할 수 있는지에 대해서만 골몰하는 듯하여, 견딜 수가 없었다. 그것도 이미 그새 수년의 시간이 지난 일이 되어 버렸다. 내가 물러나고, 정해진 기간 동안 그 많은 정부의 자금으로 과연 사찰 음식과 관련한 일련의 결과는 어떻게 나왔는가? 무엇을 남겼는가?

다시 한번 2016년 처음으로 〈미슐랭 가이드〉에 사찰 음식점이 이름을 올리던 때로 돌아가 보자. 혹자는 그 일이 지금까지 종단 차원, 나아가 정부 차원에서 사찰 음식을 콘텐츠화한 결과라고 할지도 모르겠다. 그러나 단언컨대, 나는 아니라고 말한다. 그곳에서 선보이는 사찰 음식이라 부르는 음식이 정녕 사찰 후원에서 만들어 먹던 것인지 알 수 없기 때문이다. 하다못해 발우공양의 개념을 일부라도 차용해서 식사법을 소개하는 것이라고도 할 수 없다. 어느 면을 보아야 그 일이 사찰 음식의 성공 사례라고 판단할 수 있는 것인지 도무지 알 수가 없다.

내 생각에 그건 사찰 음식의 상품화를 성공한 사례일 뿐이다. 처음으로 다시 돌아가자는 건 그런 이유에서다. 지금까지 우리는 콘텐츠의 상품화만 성공했을 뿐이다. 이건 소모되고 사라지는 길이다. 다른 이는 어떻게 볼지 모르겠지만, 사찰 음식은 그렇게 사라지기에는 그 안에 함의되어 있는 가치가 너무나 아깝다. 더 늦기 전에 지금 할 수 있는 아주 기본적인 것만이라도 다시 튼튼하게 쌓아 나갈 필요가 있다. 작은 벽돌을 구워 하나씩 쌓아서 언젠가는 튼튼한 성을 짓는 것처럼, 사찰 음식에 대해서도 기본을 다시 들여다봐야 한다.

사찰 음식의 개념을 한 줄로 간명하게 정리하는 일에 더불어 역사도 정리할 필요가 있겠다. 다른 나라에서 보았을 때 왜 우리가 한국불교의 전통을 이어가고 있다고 이야기하는지를 수긍할 수 있어야 한다. 식사하는 행위가 단순히 나의 배를 불리고 허기를 달래는 것이 아니라, 건강하고 맛있는 것을 찾아 먹는 것이 아니라, 그 자체로 생명에 대해 생각하는 시간이 될 수 있도록 유도하는 과정을 만들어줘야 한다. 존재와 존재가 어떻게 이어져 있는지를 가르쳐주는 식사법이니 말이다. 인드라망이라는, 한 종교의 세계관이 이토록 함축적으로 담긴 종교 음식이 세상에 사찰 음식 말고 또 있을까.

이런 일련의 기본이 확립되고 나면 비로소 사찰 음식이 다양하게 변주될 수 있을 테다. 사찰 음식이 가지고 있는 기본원칙 아래 일반인이 일상에서 즐길 수 있는 사찰 음식을 개발하고 보급할 수 있다. 이 정도로 사찰 음식이 탄탄하게 토대를 갖춘다면 이를 바탕으로 세상의 변화도 조심스럽게 꿈꿔 볼 수 있지 않을까 싶다. 그것이 내가 꾸는 꿈이다. 사찰 음식을 세상에 처음 전하면서 가졌던 믿음이기도 하다.

지금이라도 방향을 틀어야 한다. 사찰 음식을 다시 바로 잡아 세상에 전하고, 여기에서부터 다시 뻗어 나아갈 수 있어야 한다. 그러나 주어진 시간이 얼마나 남아 있는지 알기가 어렵다. 세상이 사찰 음식의 효용성을 다시 눈여겨보고, 이 가치를 함께하는 선택이 이루어질 수 있는 꿈을 꿀 수 있는 시간. 골든타임이 얼마 남지 않았다. 부디 더 늦기 전에 사찰 음식의 길을 다시 잘 닦아주었으면 한다. 내가 바라는 건 그것뿐이다.

제5장

기록으로 남긴
사찰 음식

지역마다 사찰마다
각기 다른 맛

:: 김제 금산사 ::

돌미나리김치

재료

돌미나리, 들깨즙, 찹쌀풀, 생강, 홍고추, 풋고추, 감초

소금, 통깨, 고춧가루, 무

조리법

1. 돌미나리를 물에 1~2시간 담갔다가 깨끗이 씻어 놓는다. 이때
   간을 하면 너무 질겨지므로 간은 하지 않는다.

2. 생강과 홍고추, 풋고추는 채 썰고 무는 돌미나리 길이로 잘라
   놓는다.

3. 무를 채 썰어 고춧가루에 무쳐 무생채를 만든다.

4. 들깨즙과 찹쌀풀을 1:1의 비율로 섞고 2번을 넣은 후 돌미나리와
   3번의 무생채 위에 붓는다. 이때 감초물과 통깨를 뿌리며 버무
   린다. 되도록 손이 덜 가도록 털면서 무치는 게 좋다.

※ 3일 정도 두고 익혀 먹어도 좋지만 바로 먹는 것도 괜찮다.

사찰 음식은 없다

돌미나리전

재료

돌미나리 200g, 밀가루 1/2컵, 소금 1작은술, 식용유, 간장, 통깨, 식초

조리법

밀가루에 소금으로 간을 맞춰 반죽한다. 돌미나리를 한 가닥씩 떼어 기름을 두른 팬에 뿌리 부분과 잎 부분이 차례로 엇갈리도록 놓고 돌미나리가 서로 엉겨 붙을 만큼만 반죽을 부어 얇게 부친다. 간장, 통깨, 식초로 초간장을 만들어 찍어 먹는다.

산초잎 된장국

재료

산초잎 100g, 된장 2큰술, 홍고추 1개

조리법

1. 어린잎을 깨끗이 손질해 씻는다.

2. 홍고추는 동글동글하게 썬다.

3. 냄비에 된장을 넣고 물 4컵을 부어 묽게 푼 다음 잎을 넣고 푹 끓인다. 마지막에 홍고추를 넣어 한소끔 더 끓인다.

※ 산초는 된장과 잘 어울리는 재료다. 국을 끓일 때 잎을 으깨서 넣기도 하고 향을 돋우기 위해 손바닥에 놓고 잘 두드려 펴서 국물에 2~3잎 띄워도 좋다.

제고물떡과 팥방망이떡

재료

멥쌀 3컵, 찹쌀 1컵, 소금 1큰술, 쑥 100g, 팥 삶은 것 2컵, 소금
1/2 작은술

조리법

1. 멥쌀과 찹쌀을 섞어서 5시간 정도 불렸다가 물기를 뺀 다음 소
   금을 넣고 빻아 체에 내린다.
2. 쑥을 깨끗이 씻어서 삶은 다음 찬물에 헹궈 물기를 꼭 짠다.
3. 체에 친 쌀가루에 뜨거운 물을 붓고 버무린 후 시루에 안쳐 떡
   가루가 묻어나지 않을 정도로 푹 찐다.
4. 떡가루 찐 것은 떡 만든 후에 고물로 써야 하므로 고물로 묻힐
   만큼의 분량을 남겨둔다.
5. 절구에 푹 쪄진 멥쌀을 넣고 물기가 없는 공이에 소금물을 묻
   혀가면서 밥알이 안 보일 때까지 친다.
6. 팥은 6시간 정도 물에 불렸다가 소금을 넣고 삶아낸다.
7. 도마에 물을 약간 바르고 덩어리진 떡을 놓고 손으로 비비며
   가래떡을 만든다. 그 다음 4번의 고물을 묻힌다. 쑥을 넣지 않
   고 하얗게 하면 하얀 제고물떡이 된다. 6번의 통팥을 묻히고
   다시 시루에 안쳐 찌면 팥방망이떡이 된다.

민들레잎김치

재료

민들레잎, 무채, 찹쌀풀, 들깨즙, 고춧가루, 홍고추, 통깨, 생강, 소금, 감초

조리법

찹쌀풀과 들깨즙을 1:1로 섞어 홍고추를 갈아 넣고(일부는 채를 썰어 넣는다) 소금, 생강, 감초물을 넣은 후 민들레잎을 넣어 되도록 주무르지 않고 무친다.

※ 뿌리째 담글 때는 익혀 먹어야 한다. 하지만 잎으로만 담글 때는 익히지 않는 편이 더 맛이 좋다.

쑥밥

재료

어린 쑥 100g, 멥쌀 5컵

조리법

물을 적게 넣고 밥을 하다가 밥이 끓기 시작할 때 쑥을 넣고 뜸을 들인 후 주걱으로 잘 섞는다. 물을 적게 넣는 것은 쑥에도 수분이 많기 때문이다.

참나물튀김

재료

감자가루, 밀가루, 참나물

조리법

감자가루와 밀가루를 같은 양으로 섞어 반죽해서 튀김옷을 만든
다. 삶거나 데치지 않은 참나물에 준비한 튀김옷을 입혀서 180도
로 예열한 기름에 튀겨낸다.

취나물쌈

재료

취 300g, 간장 2큰술, 참기름 2큰술, 밥

조리법

넓은 취나물 잎사귀를 데쳐 간장과 참기름을 묻힌다. 밥을 얹고
취나물을 싸서 완자처럼 빚어낸다.

:: 김천 직지사 ::

우엉김치

재료

우엉, 밀가루, 고추장, 통깨, 물엿, 참기름, 통깨

조리법

1. 우엉의 껍질을 벗기고 7cm 길이로 썰어 뜨거운 물에 삶아서 말랑하게 만들어둔다.
2. 길이대로 반 갈라 칼등이나 칼끝으로 자근자근 납작하게 두드리고 밀가루를 묻힌다.
3. 고추장에 통깨, 물엿 등을 섞고 우엉에 발라서 굽는다.
4. 먹을 때는 참기름과 통깨를 뿌린 양념간장에 찍어 먹으면 더 맛이 좋다.

※ 일반인이 구이용 양념을 만들 때는 파와 마늘을 다져 넣으면 감칠맛이 훨씬 더해진다. 양념간장에도 달래나 실파, 부추 등을 썰어 넣으면 좋다. 단, 출가자의 음식에는 오신채를 넣지 않는 것이 원칙이므로 사용하지 않는다.

우엉찜

재료

우엉 400g, 홍고추 1개, 풋고추 2개, 간장 5큰술, 물엿 2큰술, 통깨 1큰술, 무 100g

조리법

1. 우엉의 껍질을 벗기고 7cm 길이로 썰어 뜨거운 물에 삶아서 말랑하게 만들고 납작하게 두드린다.

2. 냄비나 솥에 넓적하게 썬 무를 깔고 그 위에 두드린 우엉을 올린다.

3. 홍고추와 풋고추 채친 것, 통깨, 물엿, 간장을 섞어 양념간장을 만들고 우엉 위에 둘러서 뿌린다. 그 위에 다시 우엉을 깔고 간장을 뿌리는 식으로 반복해서 넣고 약불에서 쪄낸다.

머위김치

재료

재료: 머윗대, 머위잎, 찹쌀풀, 들깨풀, 홍고추, 고춧가루, 물엿, 소금, 생강

조리법

1. 머윗대와 머위잎의 껍질을 벗기고 소금에 절여 숨을 죽인다. 껍질을 벗길 때는 밑둥부터 해야 수월하다.

2. 찹쌀풀, 들깨즙에 홍고추를 갈아 넣고 고춧가루와 물엿, 소금, 생강을 넣어 잘 섞는다.

3. 잎과 대를 따로 떼어 2번을 넣고 통째로 무쳐 먹을 때 먹기 좋게 썰어서 낸다.

머윗대두부무침

재료

머윗대 300g, 두부 1/4모, 통깨 2큰술, 참기름 1큰술, 소금 1큰술

조리법

삶아서 껍질을 벗긴 머윗대를 4cm 길이로 썰어둔다. 두부와 통깨를 넣고 두부가 으깨어지도록 무친 다음 소금으로 간을 하고 참기름을 넣어 다시 무친다.

배추꽃밥

재료

배추 꽃봉오리, 배추줄기, 간장, 통깨, 밥

조리법

배추의 꽃봉오리와 껍질을 벗겨낸 줄기를 뜨거운 물에 살짝 데친다. 간장에 통깨를 넣어 양념장을 만든 후 데쳐낸 꽃과 함께 밥에 얹어 비벼 먹는다.

옥잠화튀김

재료

옥잠화 꽃잎 5컵, 밀가루 3컵, 초간장

조리법

씻어서 물기를 뺀 옥잠화 꽃잎을 소금 간을 한 밀가루 반죽에 묻혀서 튀긴다.

:: 수원 용주사 ::

두부소박이

재료

두부 2모, 느타리버섯 8개, 밀가루 1컵, 물 2/3컵, 소금 1/2 작은 술, 후추가루, 깨소금, 물엿

조리법

1. 두부는 너비 4cm, 두께 0.3cm 정도로 썬다.
2. 느타리버섯을 행주로 잘 닦은 다음 기름 두른 팬에서 볶다가 후추가루, 깨소금, 물엿을 넣고 소금으로 간을 맞춘다. (일반인 의 경우 파와 마늘을 넣어도 좋다)
3. 밀가루는 물로 걸쭉하게 반죽하여 소금으로 간을 맞춰 튀김옷 을 만든다.
4. 두부 위에 준비한 느타리버섯을 얹고 다른 두부로 덮은 다음 튀김옷을 입혀 180도로 예열한 기름에 튀긴다.
5. 튀겨낸 두부를 어슷하게 썰어 큰 접시에 예쁘게 돌려 담아낸 다.

토란튀김

재료

토란 400g, 소금 2작은술, 감자가루 1컵, 밀가루 1컵, 물 1과 1/2
컵, 소금, 기름

조리법

1. 토란은 껍질을 벗겨 소금물에 삶아 낸 다음 찬물에 여러 번 헹
   궈 아린 맛을 뺀다.
2. 밀가루와 감자가루를 반반 섞고 물로 걸쭉하게 반죽한 뒤 소
   금을 넣어 튀김옷을 만든다.
3. 토란에 튀김옷을 입혀 180도로 예열한 기름에 튀긴다.

국화송편

재료

국화잎 50장, 멥쌀 5컵, 소금 1큰술, 쑥 100g, 꿀 1컵, 껍질 벗긴 햇밤, 솔잎 약간

조리법

1. 쑥은 깨끗이 다듬어 찬물에 헹군 다음 멥쌀과 섞어서 빻아 체에 내린다.
2. 멥쌀을 깨끗이 씻어 5시간 정도 불렸다가 건져서 소금을 넣고 빻아 체에 내린다.
3. 햇밤을 소로 넣고 송편을 빚는다.
4. 깨끗하게 씻은 솔잎을 한 겹 깐 뒤 송편을 올려놓고 쪄낸다.
5. 국화 잎사귀는 찹쌀 반죽에 묻혀서 전을 구워낸 다음 꿀이나 물엿에 재워 놓았다가 송편 하나에 물엿에 재웠던 국화잎을 싸서 먹는다.

재료

찹쌀가루, 표고버섯, 애호박, 간장, 통깨, 후추, 물엿

조리법

1. 찹쌀을 하루 정도 물에 담갔다가 소쿠리에 건져 물기를 빼고 곱게 빻아 가루로 만든다.

2. 가루를 뜨거운 물로 되직하게 익반죽을 해서 메추리알 크기로 둥글게 완자를 빚는다.

3. 팬에 기름을 두르고 뒤집개로 찹쌀 완자를 지그시 누리며 노릇노릇하게 전병을 부친다.

4. 표고버섯의 줄기를 떼 내고 큰 것은 4등분 혹은 2등분해서 준비한다. 애호박도 표고버섯 크기로 썰어 노릇하게 볶는다.

5. 준비한 재료를 넣고 간장, 통깨, 물엿, 후추를 넣고 양념해서 살살 무쳐낸다.

상수리잎쌈밥

재료

상수리잎, 멥쌀, 찹쌀, 상수리, 팥, 설탕, 소금

조리법

1. 상수리는 껍질을 벗겨 4~5일 정도 물에 담가 아린 맛을 뺀다.
   이때 물을 몇 번 갈아주는 게 좋다.

2. 물에 불린 멥쌀과 찹쌀은 3:6의 비율로 섞어서 솥에 안친 다음
   상수리와 팥을 얹어 찐다.

3. 밥알이 고슬고슬하게 쪄졌으면 주걱으로 뒤적이면서 설탕과
   소금으로 간을 맞춘다. 이걸 상수리잎에 적당한 양을 올리고
   돌돌 말아 솥에 넣고 다시 찐다.

참죽밀전병무침

재료

참죽 200g, 밀가루 1/2컵, 소금, 양념고추장(고추장 1큰술, 된장 1작은술, 고춧가루 1작은술, 참기름, 통깨 1작은술), 식용유

조리법

1. 참죽을 깨끗하게 손질한 후 끓는 물에 살짝 데쳐 물기를 뺀다.

2. 밀가루에 물 1/2컵을 부어 걸쭉하게 반죽한 다음 기름을 두른 팬에서 얇게 전병으로 부친다.

3. 밀전병을 참죽 길이로 썰어 데친 참죽과 함께 준비한 양념으로 무친다. 참기름은 가장 나중에 넣는 게 제맛을 내는 비결이다.

:: 여수 향일암 ::

뜸부기국

재료

된장 1/3컵, 들깨가루 1/3컵, 물 3컵, 뜸부기

조리법

된장, 들깨가루와 물을 넣고 끓인 다음 뜸부기를 넣고 한소끔 더 끓인다.

※ 뜸부기는 너무 오래 끓이면 녹말이 풀어진 것처럼 걸죽하게 변하고 맛도 떨어진다. 뜨거운 국물에 잠깐 끓여내는 게 좋다.

재료

재료: 찹쌀풀 2컵, 통깨 1/3작은술, 소금 약간, 식용유, 미역 1장 (미역을 말릴 때 깨끗하게 씻어서 모래와 이물질을 완전히 제거한 것), 김

조리법

1. 찹쌀을 5일 정도 담가두고 매일 한 번씩 물을 갈아준다.

2. 1번을 소쿠리에 건져서 믹서나 절구에 곱게 빻는다.

3. 찹쌀로 약간 되직하게 죽을 쑨 다음 심심하게 간을 한다.

4. 미역을 썰고 그 위에 찹쌀풀을 바른 다음 통깨를 보기 좋게 뿌린다.

5. 4번을 햇빛에 바짝 말린다.

6. 160~170도 정도의 기름에 5번을 넣고 찹쌀풀이 하얗게 부풀어 오를 때까지 튀긴다. 하얀색이 변하기 전에 건진다.

7. 김도 적당한 크기로 자르고 찹쌀풀을 얇게 바른다. 그 위에 김 한 장을 다시 놓고 얇게 찹쌀풀을 다시 바른다. 다시 그 위에 김 한 장을 올리고 이번에는 찹쌀풀을 약간 도톰하게 바른 다음 통깨와 실고추 등을 뿌린다. 이걸 미역과 동일한 방법으로 튀긴다.

:: 양산 내원사 ::

표고버섯탕

재료

표고버섯 20개, 밀가루 1컵, 들깨즙 1컵, 산나물 3포기, 녹말 3큰
술, 식초 1큰술, 꿀 2큰술, 목이버섯 5개

조리법

1. 표고버섯을 뜨거운 물에 담가 불린 후 소쿠리에 건진다.
2. 밀가루와 들깨즙을 섞어 반죽을 만든다.
3. 산나물 잎은 하나하나 떼어놓는다.
4. 표고버섯에 밀가루를 묻혀서 튀긴다.
5. 녹말에 물 한 컵 반을 붓고 풀을 쑤듯이 준비한다. 여기에 식
   초와 꿀을 붓고 한 번 더 끓으면 산나물, 목이버섯을 넣어서
   끓인다. 쟁반에 표고버섯튀김을 담고 끓인 양념을 얹어서 낸
   다.

진달래화채

재료

진달래 꽃잎 1컵, 녹말 1/2컵, 꿀 1컵

조리법

1. 진달래 꽃잎을 따서 녹말을 하나하나 묻히고 끓는 물에 익힌다.

2. 익힌 꽃잎은 모양이 으스러지지 않도록 조심해서 건져둔다.

3. 꿀을 시원한 물에 타서 익힌 진달래 꽃잎과 잣을 띄워 낸다.

녹두적

재료

녹두 7컵, 쌀 1/2컵, 고사리 1/2컵, 산나물 숙주나물 약간

조리법

1. 녹두는 알맹이가 반쪽으로 쪼개질 정도로만 맷돌에 간다.

2. 갈아둔 녹두를 쌀과 함께 물에 담가두었다가 1시간쯤 뒤에 물
   을 살짝 따르고 껍질을 깐다.

3. 2번에 물을 조금씩 부어 가면서 천천히 갈아낸다. 여기에 고
   사리, 숙주나물, 산나물 등을 섞어 팬에서 지진다.

북한의
사찰 음식

두부속고추튀김

재료

고추, 두부, 깨소금, 된장, 식용유

조리법

1. 고추는 길이로 반을 갈라 씨를 빼 둔다.

2. 두부는 깨소금과 된장으로 간을 해서 으깬다.

3. 고추 속에 으깬 두부를 가득 채우고 120도의 기름에 튀긴다.

더덕떡

재료

더덕, 꿀, 찹쌀

조리법

1. 더덕은 껍질을 벗기고 방망이로 살살 두드려 부드럽게 만든 후 꿀에 재워둔다.
2. 찹쌀은 하루 전에 담갔다가 소금으로 밑간을 해서 가루로 빻는다.
3. 꿀에 재웠던 더덕에 찹쌀가루를 손으로 쥐듯 잡아 가루가 두둑하게 묻도록 한다.
4. 3번을 시루에 쪄서 담아 낸다.

재료

두릅, 밀가루, 참기름, 깨소금, 두부, 된장

조리법

1. 두릅은 연한 소금물에 파랗게 데쳐 포기를 나눠서 둔다.

2. 두부를 으깨서 깨소금, 참기름으로 간하고, 두릅을 넣어서 같이 버무린 후 된장으로 간을 맞춰서 무친다.

3. 밀가루는 반죽해서 전을 부치고 그 위에 두릅과 두부 무친 것을 얇게 편 다음 김밥 말듯이 둘둘 만다. 이걸 먹기 좋게 썰어서 참기름에 소금을 넣은 기름소금에 찍어 먹는다.

송이잿불구이

재료

송이버섯, 무, 호박, 마, 호박잎, 소금, 참기름

조리법

1. 무의 윗부분을 자르고 속을 파낸다.

2. 마는 강판에 갈고 송이, 호박은 깍둑썰기로 썰어서 소금으로 간을 한다.

3. 2번의 재료를 무 속에 가득 채우고 자른 뚜껑을 덮는다. 이걸 대꼬챙이로 꿰어 고정한다.

4. 무는 호박잎으로 세 겹 정도 싼 다음 잿불에 파 묻고 하룻밤을 재운다.

5. 아침에 꺼내서 호박잎을 걷어내고 길게 반으로 썬 후 다시 반달썰기로 썰고 참기름을 넣은 기름소금에 찍어 먹는다.

사찰 음식은 없다

참고문헌

- 일반도서

- 공만식, 《불교음식학: 음식과 욕망》, 불광출판사, 2018
- 구미래, 《공양간의 수행자들》, 담앤북스, 2022
- 김연식, 《눈으로 먹는 절음식》, 우리출판사, 2002
- 김연식, 《산채요리》, 주부생활, 1987
- 김연식, 《북한의 사찰 음식》, 다할미디어, 2009
- 김연식, 《한국 사찰 음식》, 우리출판사, 1997
- 김현진, 《신들의 향연, 인간의 만찬》, 난달, 2015
- 박찬일, 《미식가의 허기》, 경향신문, 2016
- 박찬일, 《스님, 절밥은 왜 그리도 맛이 좋습니까》, 불광출판사, 2017
- 주영하, 《음식을 공부합니다》, ㈜휴머니스트출판그룹, 2021
- 주영하, 《그림으로 맛보는 조선음식사》, ㈜휴머니스트출판그룹, 2022

- 논문

- 김성순, 〈동아시아불교의 발우공양 의례: 보시와 자비의 각인〉, 《민족문화연구》 제85호, 고려대 민족문화연구원, 2019.
- 김연식, 〈사찰 음식의 외식 상품화 방안에 관한 연구〉, 중앙대

학교산업경영대학원 외식산업경영자과정,《제6회 외식산업경 영학술연구발표회》, 1996.

• 마성,〈불교는 육식을 금하는 종교인가〉,《불교평론》제6집, 불 교평론사, 2004.

• 정효림,〈사찰 음식과 문화관광 : 문화콘텐츠 가치의 제고방안 연구〉, 한국외국어대학교 대학원 문화콘텐츠학과 석사학위 논 문, 2010.

• 정효진,〈문화관광콘텐츠로써의 한국 사찰 음식에 대한 제고〉, 《한국콘텐츠학회》제10권 제3호, 2012.

- 잡지·신문

• 〈국제신문〉,〈경북일보〉,〈경향신문〉,〈금강신문〉,〈동아일보〉, 〈문화일보〉,〈부산일보〉,〈불교신문〉,〈법보신문〉,〈서울신 문〉,〈세계일보〉,〈조선일보〉,〈주간불교〉,〈중앙일보〉,〈한겨 레〉,〈한국경제〉,〈한국일보〉,〈현대불교〉,〈Asian Wall street journal〉,〈Financial Times〉,〈San Francisco chronicle〉, 〈Weekender〉,〈신동아〉,〈월간 불광〉,〈주부생활〉

사찰 음식은 없다

-발우공양 빠진 사찰 음식 대중화

초판 1쇄 인쇄 | 2023. 10. 12
초판 1쇄 발행 | 2023. 10. 30

지은이 | 정산 김연식
펴낸이 | 황윤억

편집 | 김순미 김현숙 황인재
디자인 | 엔드디자인
경영지원 | 문현우
발행처 | 인문공간/(주)에이치링크
등록 | 2020년 4월 20일(제2020-000078호)
주소 | 서울 서초구 남부순환로333길 36(해원빌딩 4층) 우편번호 06725
전화 | 마케팅 02) 6120-0259, 편집 02) 6120-0258 | 팩스 02) 6120-0257

값은 뒤표지에 있습니다.
ISBN 979-11-984298-0-3 03300

열린 독자가 인문공간 책을 만듭니다.
독자 여러분의 의견에 언제나 귀를 열고 있습니다.
전자우편 | gold4271@naver.com
영문명 | HAA(Human After All)